POTS

DES PLANTES POUR TOUTES LES SAISONS

POTS

DES PLANTES POUR TOUTES LES SAISONS

Tom Harris

PAGE 2 Des hellebores et des heuchères sont disposés fort originalement parmi d'autres pots contenant du thym, des scilles, des joubarbes et des skimmias dans un équilibre de textures, de formes et de nuances.

À DROITE La plante adéquate dans le pot parfait forme un tout beaucoup plus riche que la somme de ses éléments. Ici, le coréopsis et l'uncinia s'harmonisent parfaitement avec la jardinière.

Publié en Grande-Bretagne sous le titre
Pots for all seasons

Conçu par Becky Clarke Design

Ysec Éditions
BP 405
27404 Louviers CEDEX
ysec.fr
contact@ysec.fr

Dépôt légal février 2021
Imprimé en Union européenne

Table des matières

LE BONHEUR DE FAIRE POUSSER DES PLANTES EN POT

Introduction sur les pots

La première plante que j'ai confinée dans un pot était un *Rhododendron* 'Britannia' à fleurs écarlate. Les touffes kaléidoscopiques de rhododendrons, que j'ai découvertes au cours de vacances en famille, ont laissé une impression indélébile sur l'enfant de huit ans que j'étais alors et j'étais tellement déterminé à en cultiver chez moi que le sol alcalin inadéquat du jardin de mes parents m'est apparu comme un obstacle tout à fait surmontable. Heureusement, l'encyclopédie du jardinage de ma grand-mère suggérait une solution pratique : planter dans des bacs de compost éricacé (acide ou non) et arroser souvent (avec de l'eau de pluie). C'est ainsi que je me suis frotté pour la première fois à la pratique du jardinage en pot.

Jeune, je croyais fermement que planter directement dans la terre était la seule méthode efficace. Je trouvais que le fait de mettre des plantes en pot était cruel et malsain. Ce rhododendron que je voulais absolument était une exception très rare.

J'ai été converti au jardinage dès le premier instant où j'ai manié une truelle. Enfant, nous sommes fascinés par les plus petits éléments de la nature ; puis, malheureusement, en grandissant la plupart d'entre nous se désintéressent de ces phénomènes. Mais d'autres, comme moi, sont de plus en plus fascinés. Même jeune, je comprenais que le jardinage, et tout ce qu'il comporte, était productif et gratifiant. En entretenant le minuscule, mais très prometteur carré de jardin que m'avait confié ma mère, je me suis plongé dans un monde de merveilles vivantes. J'étais totalement absorbé par les plantes, la terre et les merveilleuses créatures qui, aides inestimables ou nuisibles, rôdaient dans ce précieux domaine de Lilliputiens. Il constituait mon petit morceau de planète et je l'adorais. Les visites de jardins ouverts et d'expositions florales – les serres toujours emplies d'une immense variété de fleurs – ont alimenté mon désir d'explorer le monde enrichissant de l'horticulture. Parallèlement à mon enchantement pour la nature et mon enthousiasme pour le jardinage, j'étais irrésistiblement attiré par les couleurs. Il n'est donc pas surprenant que cette première rencontre avec ces rhododendrons vibrants et ces gerbes impressionnantes de fleurs parfaites aient exercé une telle influence sur moi.

Ce n'est que lorsque j'ai été confronté à un jardin rocailleux, presque dépourvu de terre, à l'adolescence, que les pots sont à nouveau venus voler à mon secours. Le jardinage sur un sol peu profond et rocailleux est un test pour tout cultivateur de plantes et la pioche n'est vraiment pas la bonne solution. Le déplacement de quelques jardinières m'a alors paru beaucoup moins pénible que les heures passées à tailler la roche pour obtenir de minuscules zones de plantation aux dimensions inadéquates. Dans cet endroit hostile, la culture en pot était la solution la plus adaptée.

PAGE PRÉCÉDENTE Les pots vous permettent de placer côte à côte des plantes nécessitant des conditions environnementales très différentes, créant ainsi des scènes passionnantes impossibles en pleine terre. Ici, des echeverias qui aiment la sécheresse se trouvent sous un saule tire-bouchon en pot.

À GAUCHE Les espaces sans terre peuvent être rapidement et radicalement transformés en utilisant des plantes en pot. Le jardinage en pot peut devenir une obsession !

QUELLE PLACE POUR LES POTS ?

Le monde accueillant du jardinage en pot accompagné de ses possibilités et vertus multiples m'a ouvert ses portes. Je suis entré et me suis laissé envahir, obséder, voire posséder. À l'âge avancé de quinze ans, j'ai réalisé que planter en pot était une activité qui m'engageait mentalement, physiquement, émotionnellement et artistiquement. C'est toujours le cas : Je découvre sans cesse de nouvelles plantes et les compositions possibles sont infinies ; cette activité me maintient en forme et me fait traverser de nombreux moments d'exaltation, tempérés par quelques déceptions et mini-tragédies. Mais ce qui importe le plus, c'est que ce style de culture est devenu mon principal exutoire créatif et une véritable thérapie.

Ce type de jardinage n'est pas réservé aux retraités ou à ceux qui ne savent plus comment occuper leur temps ou encore, bien sûr, aux seuls propriétaires de jardins. Notamment parce qu'il peut être pratiqué avec facilité et succès dans les espaces les plus restreints et les plus inhospitaliers. Des rebords de fenêtre et des murs jusqu'au toit en passant par la cour terne d'un sous-sol, la culture en pot se distingue des autres formes de jardinage par son accessibilité. Des décennies d'expérience pratique m'ont appris que la culture des plantes en pot offrait de multiples possibilités, tant en termes de créativité que de culture, ce qui n'est pas le cas en pleine terre.

Les pots nous permettent de présenter et d'apprécier nos plantes préférées de manière vivante et intime, et de les exposer à la luminosité qui les révèle

Les pots nous permettent de présenter et d'apprécier nos plantes préférées de manière vivante et intime et de les présenter sous leur meilleur jour.

À GAUCHE Les pots constituent une option judicieuse pour ceux qui ne sont pas propriétaires de la parcelle dont ils s'occupent : les plantes en pot peuvent vous suivre lors de vos déménagements et vous permettre de vous remettre immédiatement au jardinage. Les hostas, les hébés naines, les thyms et lavandes se transportent facilement.

CI-DESSOUS En pot, vous pouvez cultiver le meilleur de chaque saison. Au printemps, les iris nains et les narcisses font partie des incontournables.

le mieux. Quel plaisir de voir la ou les plantes adéquates se marier au pot parfait dans le plus harmonieux des cadres. Dans sa forme la plus puissante, cette relation synergique forme un tout qui dépasse de loin la somme de ses parties. À mes yeux, le jardinage en pot est une forme d'expression artistique particulièrement inclusive, à laquelle presque tout le monde peut non seulement participer, mais aussi parvenir et qui procure un plaisir et une satisfaction énormes tant au niveau du processus que du résultat final. Dès votre première réussite, vous risquez de ne plus pouvoir vous en passer. Cela a été le cas pour nombre de mes amis.

Les jardins en pot sont modulables à bien des égards, y compris en ce qui concerne le temps et les efforts nécessaires et ils offrent un moyen efficace de végétaliser l'environnement même des personnes toujours débordées. L'entretien de son propre espace vert, ne serait-ce que pendant dix minutes ici et là est un antidote de plus en plus reconnu aux heures excessives passées sur les écrans, aux trajets fatigants et aux environnements artificiels.

Vous pouvez vous adonner au jardinage en pot à n'importe quel moment de votre vie. Il vous suffit d'acheter un ou deux pots (ou trouver des objets à recycler), du compost frais et quelques belles plantes. Nul besoin de dépenser une fortune. En une demi-heure environ d'étalage de compost et d'arrangements créatifs, sans compter le plaisir que cela vous procure, vous aurez réussi une décoration qui, avec un peu d'attention thérapeutique, vous offrira des semaines ou des mois de plaisir.

L'avantage des jardinières est sans doute qu'elles permettent de créer des aménagements en toute souplesse et liberté. La plupart des pots sont facilement transportables et peuvent donc être déplacés, réarrangés ou regroupés chaque fois que vous en éprouvez le besoin ou le désir. Ce désir impulsif de bousculer les choses et de changer de décor me prend souvent et quelques heures passées à réarranger un groupe de pots me redynamisent instantanément. La satisfaction est immédiate et l'esprit se libère vraiment.

Il existe bien d'autres avantages. Il est préférable d'attendre qu'une plante qui ne s'épanouit pas dans le sol se trouve en période de repos avant de la déplacer. Lorsque vous la cultivez dans un pot, vous pouvez la déplacer sans la perturber, quand, où et aussi souvent que vous le souhaitez. Grâce à cette relative mobilité, les plantes en pot peuvent vous accompagner lors de vos déménagements. Les plantes qui poussent dans le jardin sont généralement considérées comme des éléments fixes, alors que celles en pot sont plutôt considérées comme des biens meubles. Ceci est particulièrement pertinent pour une génération qui a du mal à accéder à la propriété et pour d'autres qui louent, mais qui, naturellement, préfèrent ne pas investir énormément dans l'embellissement d'un jardin dont ils ne sont pas propriétaires. Ils étaient tellement attachés à leur magnifique collection de pots de fleurs que des amis à moi ont profité de cette possibilité de transport lorsqu'ils ont déménagé d'Angleterre en France puis, après quelques années, sont revenus. Le déménagement des pots n'est pas bon marché, mais comparé au temps, aux efforts et à l'investissement financier nécessaires pour les remplacer, il se révèle rentable. Mais surtout, leur cour française dénudée s'est vue rapidement parée de leurs plantes familières. Lorsqu'on déménage, il est toujours agréable, pour différentes raisons, de pouvoir emporter ses plantes. Certaines plantes sont chères, tandis que d'autres, comme beaucoup des miennes, le sont également, mais sentimentalement.

J'étais en plein milieu de la prise de photos pour ce livre lorsque la catastrophe a frappé et que des travaux de construction imprévus m'ont obligé à déplacer chaque pot – en pleine période de croissance – dans un autre endroit. Ce n'était pas une mince affaire, mais en quelques jours seulement, mes pots ont transformé une cour de béton et de gravier stérile peu attrayante en un jardin qui semblait avoir toujours existé. Le tourbillon de ce défi créatif a largement compensé mon stress et cette oasis de verdure a apaisé mes inévitables douleurs. Si l'espace évacué avait été un jardin « creusé » ou involontairement rasé, les plantes et moi-même serions encore en train de nous remettre du traumatisme. Preuve, s'il en était besoin, que si vous cultivez des plantes en pot, vous pouvez créer un havre de paix fleuri et verdoyant, n'importe où.

PAGE DE GAUCHE Dans des pots de terre cuite, les plantes insectivores, notamment les belles sarracènes peuvent bénéficier des conditions humides dans lesquelles elles prospèrent et d'un meilleur abri en hiver.

CI-DESSOUS Les arrangements composés de pots sont faciles à agrandir ou à réduire, en fonction de la saison et de votre propre calendrier. Au printemps, plus il y a de tulipes, mieux on se porte !

UNE THÉRAPIE CRÉATIVE

Peu importe la contrainte de l'espace, il existe des plantes charmantes ainsi que de magnifiques pots pour les magnifier. Aménagés astucieusement et soignés comme il se doit, les pots offrent un complément inestimable à certains espaces et sont essentiels pour d'autres. Les plantes en pot peuvent animer des zones dans le jardin, comme les patios pavés, les coins ombragés et les endroits secs au pied d'une haie, difficiles à cultiver. Elles sont très utiles également pour camoufler ou masquer un espace disgracieux, une aire de jeu, délimiter de façon flexible ou aider à créer un nouveau panorama. Elles peuvent apporter une touche finale accrocheuse, servir d'élément clé dans une conception globale ou être le point de départ autour duquel tout le jardin peut se développer. Dans certains cas, elles titillent nos émotions. Une touche d'humour devrait inévitablement être apportée à votre jardin. De nombreux pots, notamment d'élégantes jarres à olives et des urnes classiques, de beaux

7 BONNES RAISONS DE CULTIVER EN POT

- **Commodité** Même les espaces les plus petits et les plus hostiles peuvent se transformer rapidement – sans dépenser des sommes folles – en installant des plantes en pots. En saison, les plantes se transportent facilement à proximité.
- **Créativité** Le jardinage en pot constitue une activité artistique très accessible et réalisable par tous. Les différentes combinaisons de plantes et de pots constituent une expérience agréable et les résultats sont très gratifiants.
- **Design** Les pots peuvent constituer des repères spectaculaires, des éléments répétés dans une scène ou utilisés pour créer une sensation particulière. Dans les espaces dépourvus de terre, ils sont une aubaine.
- **Flexibilité** Vous pouvez agrandir ou réduire la taille d'un arrangement de pots en fonction de la saison ou de votre envie. Les plantes qui ont fini de s'épanouir peuvent facilement être remplacées par celles qui se trouvent à leur apogée.
- **Thérapie** Il a été prouvé que le jardinage en plein air, même pour une courte durée, réduit le stress. Les pots permettent un contact particulièrement intime avec les plantes et une meilleure appréciation de celles-ci.
- **Transportabilité** Les plantes en pot sont faciles à déplacer d'un endroit à l'autre du jardin et peuvent être facilement déménagées.
- **Variété** Les pots vous permettent de cultiver une plus grande variété de plantes, notamment celles qui ne sont pas adaptées au sol de votre jardin ou qui ont besoin d'être protégées du froid.

objets à part entière, peuvent constituer de magnifiques repères hors sol. Que vous préfériez le formalisme réglementé, le minimalisme ou, comme dans mon cas, l'éclectisme excentrique, tous sont accessibles, à condition de choisir soigneusement vos plantes et vos pots. En fait, vous pouvez créer un certain « look », une ambiance ou un thème particulier dans une seule jardinière. Les possibilités sont incroyables! J'ai traversé des périodes difficiles sans jardin. Heureusement pas longtemps, mais même ces brefs instants de ma vie où je n'ai pu cultiver m'ont conforté dans l'idée que le jardinage et les plantes contribuaient à notre bien-être. À cette époque, mes pots étaient dispersés dans les jardins de plusieurs amis pour plus tard rejoindre et transformer rapidement chacun de mes nouveaux jardins. J'aimerais pouvoir affirmer que mon inoubliable rhododendron rouge se porte toujours aussi bien, mais ce n'est pas le cas. Heureusement, son pot en plastique peu flatteur non plus. L'industrie du jardinage a connu

une croissance extraordinaire au cours du demi-siècle qui s'est écoulé depuis mon précieux arbuste. La gamme de plantes proposées pour la culture en pot et la variété des contenants dans lesquels elles peuvent être cultivées se sont considérablement accrues et améliorées. On n'a jamais connu de période plus propice à la culture en pot.

Ce rhododendron disparu depuis longtemps m'a permis de comprendre très tôt les différents besoins des plantes et démontré qu'en pot on peut facilement personnaliser et réguler leurs conditions de croissance. Bien entendu, cela vous permet de profiter de nombreuses plantes qui ne pourraient s'épanouir dans votre jardin, notamment celles qui ne conviennent pas à votre type de sol. Mon rhododendron rouge en est le parfait exemple. En pot, vous pouvez faire pousser des plantes qui se développent dans des conditions humides, même si votre sol est sableux et très drainant, ou vice versa ; les possibilités sont infinies. Cultivées en

Peu importe la contrainte de l'espace, il existe des plantes charmantes ainsi que de magnifiques pots pour l'embellir.

PAGE DE GAUCHE EN HAUT Les pots offrent la possibilité d'expérimenter textures et formes quel que soit l'espace.

À GAUCHE En pot, des petites merveilles telles que les gentianes peuvent être disposées au niveau des yeux et ainsi permettre d'en admirer toutes leurs subtilités.

CI-CONTRE En choisissant des plantes architecturales, telles que les phormiums, et en les plaçant de manière à ce que le soleil les éclaire latéralement, on obtient des effets lumineux brillants.

pot, les plantes moins résistantes à l'hiver, des bananiers aux fougères arborescentes, peuvent agrémenter le jardin tout l'été puis être déplacées avec une relative facilité vers un endroit plus protégé dès les premiers frimas. Pour certains, cela peut sembler fastidieux, mais l'un des mérites du jardinage en pot est que vous pouvez le réaliser très simplement ou vous lancer dans une aventure plus complexe selon vos envies. Forcément des limites et exigences existent (plus d'entretien que dans une bordure, par exemple), mais celles-ci sont largement compensées par les satisfactions créatives et stimulantes.

REPOUSSER LES LIMITES

Les jardinières nous permettent de cultiver côte à côte, dans des pots distincts, des plantes qui nécessitent des conditions de sol totalement opposées, ce qui élargit considérablement les possibilités d'associations étonnantes de plantes. Si l'on tient compte de leurs besoins spécifiques et si l'on en prend soin, les hostas qui aiment l'humidité peuvent s'épanouir à proximité de lavandes qui supportent la sécheresse, et les pieris ericaceae peuvent côtoyer des clématites amatrices de sols calcaires. Les plantes succulentes du désert se développent au milieu de plantes insectivores qui ont besoin d'humidité, tandis que les herbes des prairies côtoient les laîches des tourbières. De telles rencontres entre plantes sont généralement impossibles dans un jardin en pleine terre. Mais ne considérez pas cela comme de la triche, comme j'ai pu le faire. Une attitude résolument puriste risque de limiter la créativité. Il s'agit plutôt de s'adonner à une manipulation contrôlée et de savoir utiliser ses atouts. Lorsque nous cultivons des plantes en milieu confiné, nous sommes souvent obligés de repousser les limites et d'expérimenter. Ce qui constitue un élément stimulant de l'art, de l'artisanat et de la pratique du jardinage en pot.

De plus, il y a beaucoup de plantes que je suis heureux de faire pousser en pot, mais que jamais je ne laisserais en liberté. *Phalaris arundinacea*, une herbe panachée qui se propage rapidement, est un classique, mais elle ne tient pas en place, tout comme les menthes. Les bambous qui se répandent rapidement et les autres plantes qui sont trop rampantes et trop mal élevées pour avoir le champ libre dans le jardin peuvent être appréciés pour toutes leurs vertus sans que leurs mauvaises habitudes ne posent problème.

En pot, les plantes qui méritent une attention particulière, notamment les aromatiques ou les sensitives, peuvent être placées à proximité des zones de détente, des chemins, des portes et d'autres endroits pour être appréciées sans effort et régulièrement (et, bien sûr, remplacées lorsqu'elles ont fané). De même, les petites plantes, telles que les plantes alpines, peuvent être placées à hauteur des yeux pour admirer leurs détails. Le passage par des pots en terre cuite remplis de lys parfumés chaque fois que vous franchissez le seuil de votre porte d'entrée est une source de bien-être intense. Tout comme ouvrir une fenêtre pour respirer le parfum entêtant des pois de senteur dans un grand récipient en verre. Parce qu'il nous permet de garder nos plantes préférées plus près de nous sur une plus longue période, le jardinage en pot pourrait facilement être considéré comme l'option la plus conviviale. Il est agréable d'observer les abeilles bourdonner au-dessus de nos bordures, mais admirer ses sauges sur le pas de sa porte constitue une expérience bien plus intime.

Quelle que soit leur échelle, les jardins en pot sont fascinants, ils améliorent la vie et restent accessibles. La culture en pot est une expérience continuelle et enrichissante qui procure de nombreux avantages. Il s'agit de développer des espaces agréables et stimulants et de libérer votre propre potentiel créatif. Nul besoin de devenir esclave de ses pots. En ce qui me concerne, je suis peut-être trop attaché à mes jardinières, mais libre à vous de prendre la distance nécessaire vis-à-vis de ce livre. Il n'y a pas de mystère, pas de science incompréhensible et peu de barrières. Pour bien démarrer et réussir, vous n'avez besoin que de comprendre ce qui permet à une plante de prospérer, d'un peu de temps, d'une étincelle d'inspiration et de beaucoup de volonté. Dans les pages suivantes, vous trouverez un savant concentré de suggestions de plantes et de pots, des conseils avisés et des considérations fondées sur l'expérience. Laissez-vous guider par votre style et vos goûts personnels.

Rien ne compte davantage que le plaisir que votre jardin en pot vous apportera.

La culture de plantes implique sciences et technique, mais la création d'un jardin constitue également un exutoire artistique personnel. J'ai longtemps considéré le jardinage ornemental comme une forme de création picturale. Un jardin de pots relève peut-être davantage de la nature morte ou d'un collage que

Le jardinage en pot doit vous permettre de développer des espaces agréables et stimulants et de libérer votre potentiel créatif.

À DROITE Sur des supports variés et improvisés, érables, tulipes, hostas, saxifrages, primevères et autres plantes printanières se côtoient dans un ensemble fascinant. Cette satisfaction rapide et modulable ne peut être obtenue qu'en pot.

d'un paysage, mais les mêmes principes esthétiques s'appliquent à l'art pictural et à la création de jardins. L'artiste joue avec la couleur, la forme, la texture, l'échelle et les proportions pour composer une scène saisissante et émotionnellement provocatrice.

En outre, les jardins sont représentés en (au moins) trois dimensions, éveillent de nombreux sens, évoluent et changent constamment au fil des saisons. Les jardins en pot offrent également une grande flexibilité en termes de configuration et d'échelle. C'est un art où tout jardinier, plutôt « artiste » ou non, peut exercer un contrôle créatif total. Vous pouvez créer une scène thématique, en suivant une foule de règles et de principes, ou bien laisser libre cours à vos idées et créer au fur et à mesure. Les meilleurs résultats sont généralement obtenus en piochant des éléments de ces deux approches: comprendre comment ou pourquoi un arrangement particulier est réussi et garder la liberté d'explorer et d'expérimenter. L'expérimentation représente plus de la moitié du plaisir et, très souvent, il est essentiel de commettre quelques erreurs afin que l'expérience soit réussie la fois suivante.

En gardant à l'esprit la création picturale, ce chapitre explore, en bref, les considérations créatives du jardinage en pot, de l'utilisation des couleurs à la présentation de vos plantes pour un effet optimal.

FARM

CRÉER DES SCÈNES

La culture de plantes implique sciences et technique, mais la création d'un jardin constitue également un exutoire artistique personnel. J'ai longtemps considéré le jardinage ornemental comme une forme de création picturale. Un jardin de pots relève peut-être davantage de la nature morte ou d'un collage que d'un paysage, mais les mêmes principes esthétiques s'appliquent à l'art pictural et à la création de jardins. L'artiste joue avec la couleur, la forme, la texture, l'échelle et les proportions pour composer une scène saisissante et émotionnellement provocatrice.

En outre, les jardins sont représentés en (au moins) trois dimensions, éveillent de nombreux sens, évoluent et changent constamment au fil des saisons. Les jardins en pot offrent également une grande flexibilité en termes de configuration et d'échelle. C'est un art où tout jardinier, plutôt « artiste » ou non, peut exercer un contrôle créatif total. Vous pouvez créer une scène thématique, en suivant une foule de règles et de principes, ou bien laisser libre cours à vos idées et créer au fur et à mesure. Les meilleurs résultats sont généralement obtenus en piochant des éléments de ces deux approches : comprendre comment ou pourquoi un arrangement particulier est réussi et garder la liberté d'explorer et d'expérimenter. L'expérimentation représente plus de la moitié du plaisir et, très souvent, il est essentiel de commettre quelques erreurs afin que l'expérience soit réussie la fois suivante.

En gardant à l'esprit la création picturale, ce chapitre explore, en bref, les considérations créatives du jardinage en pot, de l'utilisation des couleurs à la présentation de vos plantes pour un effet optimal.

À GAUCHE Des matériaux, des hauteurs et des textures variés dans une palette limitée créent une scène qui déplace doucement et librement votre regard d'un point à un autre. La répétition et la disposition de certaines plantes, dont les echeverias, les nemesias mauves et le sedum à feuilles jaunes, harmonisent la scène.

À DROITE En plaçant les pots et les objets décoratifs à la hauteur des yeux, le point de vue change et permet d'examiner de plus près les petites plantes aux formes subtiles.

Thèmes et ambiances

Des pots placés au hasard peuvent créer une scène tout à fait honorable, mais une approche réfléchie permettra d'obtenir un résultat certainement plus satisfaisant. Même si j'ai acquis une bonne partie de mes plantes de façon sporadique, je passe de temps en temps une heure ou deux à les réarranger par souci d'harmonie.

En associant de manière réfléchie les pots, les plantes et les accessoires, il est facile de créer une atmosphère évocatrice. Même si un pot isolé, peut-être passé à la chaux et garni de bougainvilliers, évoquant la Méditerranée peut susciter un sentiment particulier, la portée thématique se révèle davantage dans un ensemble de pots. Ils peuvent évoquer des souvenirs précieux, refléter un style de jardinage particulier de style « maison de campagne » ou « prairie » ou encore suivre une gamme chromatique. Ils peuvent célébrer une saison ou une seule espèce ou type de plantes, telles que les pélargoniums ou les plantes succulentes. Les thèmes les plus simples et les plus subtils sont ceux avec lesquels vous vous accorderez le mieux, car les thèmes surchargés provoquent rapidement de la lassitude. Nul besoin de vous conformer scrupuleusement à un thème précis. Vous retirerez nettement plus de satisfaction de l'interprétation personnelle et du mélange de vos propres notions inspirées des livres, des magazines, des jardins, des vacances, des expositions florales ou des médias sociaux.

CI-DESSOUS Des ensembles de pots peuvent créer une atmosphère particulière, développer un thème ou simplement célébrer une saison. Cet arrangement annonce la fin du printemps.

Même une promenade sur la plage ou à la campagne peut être source d'une multitude d'idées – et d'accessoires – pour votre jardin en pot.

Par ajout, suppression ou substitution judicieux des éléments, vous pouvez modifier l'intonation ou l'impression générale d'une scène composée de plantes en pot, grâce à une palette restreinte de matériaux. Un groupe d'hostas à feuilles larges et de plantes herbacées, placées dans des pots en terre cuite vieillie, forme une tapisserie de feuillages contrastés : les hostas à feuilles larges, rigides et robustes, sont tempérés par les herbes souples et fluides. Si le site est légèrement ombragé, quelques fougères renforcent la texture, tandis qu'en plein soleil, une ou deux plantes grasses permettent de rehausser l'élément sculptural. Ajoutez un érable du Japon (acer), un bambou nain et quelques gros galets à la scène ombragée pour créer une atmosphère orientale. Quelques galets, des morceaux de bois flotté noueux et peut-être un jeune palmier nain (*Chamaerops humilis*), sous un paillis de coquillages, donnent à la version ensoleillée un aspect maritime. Retirez les hostas et remplacez-les par de tendres vivaces à fleurs de marguerite telles que des argyranthemums et l'ambiance devient plus décontractée et aérienne. En vous limitant à une ou deux variétés d'hostas et d'herbes, puis en les multipliant dans une rangée de supports carrés, gris, en terrazzo ou en métal, disposés symétriquement, à la place de la terre cuite, vous obtenez un résultat plus formel et plus contemporain. Et c'est ainsi que les possibilités d'adaptation et de réinvention de vos scènes de jardin en pot restent infinies.

CI-DESSUS À GAUCHE Les pots permettent de changer à l'envi le décor de vos collections de plantes telles que les plantes grasses. Mises en pot individuellement, elles peuvent être déplacées pour y intégrer de nouveaux éléments.

CI-CONTRE Les plantes à grandes feuilles pointues notamment les cordylines et les phormiums, sont mises en valeur lorsqu'elles sont placées parmi les érables japonais et d'autres plantes aux feuilles souples et finement découpées. Malgré le contraste spectaculaire, l'utilisation de plantes au feuillage prédominant apporte un sentiment de sérénité.

La mise en scène

Les arrière-plans jouent un rôle essentiel dans les arrangements des plantes en pot : ils ont le pouvoir d'augmenter ou de diminuer les effets. La mise en scène doit contribuer à la mise en valeur des pots et non les étouffer. Si vous parvenez à harmoniser les pots avec leur environnement, à rappeler les couleurs, les formes et les textures des matériaux de construction, du pavage et des plantations en général, les pots se dévoileront sous leur meilleur jour.

Le plus souvent, ils créent un lien entre la maison et le cœur du jardin, même s'ils sont parfois le jardin. Ils peuvent créer une chaleureuse atmosphère à l'entrée ou ornementer les zones pavées et autres terrasses. Les grands pots décoratifs peuvent servir de points de convergence à eux seuls, en offrant de la couleur et du caractère à un espace insipide. Dans les jardins design, ils jouent souvent un rôle fondamental dans le plan, en apportant rythme et structure, mais généralement, les pots permettent d'embellir un espace existant et de le rendre plus intime et accueillant.

Les pots sont souvent placés en toute harmonie avec leur environnement immédiat. Il est possible de créer une scène cachée de l'autre côté d'une haie, d'une clôture ou d'un mur, dont le style diffère de celui du reste du jardin et permet ainsi de changer de rythme et de ton. Dans une oasis de verdure paisible, une zone protégée, aux couleurs inattendues et séduisantes, grâce à des pots remplis de cannas, de coléus et de pétunias, ne laisse pas indifférent. De même, dans un jardin débordant de couleurs, un coin retiré constitué de plantes en pot au feuillage doux et aux teintes sourdes offre un répit. Il convient de ne pas oublier ces contrastes. Un bouquet de couleurs vives éclatantes peut s'imposer triomphalement à la vue de tous, dans une oasis verte et douce ; les jardinières offrent un moyen facile d'y parvenir et d'expérimenter.

Elles peuvent combler des espaces momentanément libres dans les bordures et les parterres ou s'établir de manière plus pérenne. Vous pouvez choisir de dissimuler le pot parmi les plantes de la bordure ou en faire un élément à part entière en choisissant un pot attrayant qui met en valeur et est lui-même mis en valeur par la végétation environnante. Par exemple, un agave ou un yucca aux feuilles bigarrées et vigoureuses, placé dans un pot en terre cuite ou en pierre robuste, forme un fort contraste tant au niveau visuel que de celui de la texture lorsque vous êtes assis au milieu d'une plantation aérienne d'*Erigeron karvinskianu.*

Tous les jardins ne disposent pas d'une toile de fond agréable, comme des murs de pierre ou de brique, et il faut parfois prévoir une mise en scène spéciale. Ces mises en scène n'ont pas besoin d'être très élaborées, elles peuvent être constituées simplement de quelques planches de récupération fixées au mur du garage ou d'une tôle ondulée qui a subi des altérations intéressantes. Vous pouvez installer un treillis ou un beau panneau de clôture, qui vous permet non seulement de trouver un peu de tranquillité ou de vous abriter, mais sert aussi de tuteur pour vos plantes

EN TOUTE SIMPLICITÉ

Les pots remplis de fleurs se distinguent mieux sur un fond désordonné. Les feuilles panachées requièrent également des feuilles simples : un ensemble panaché opposé à un autre panaché crée une image désordonnée. Un mur ou une clôture toutefois les mettent sereinement en valeur. Il va sans dire que les fleurs de couleurs claires ont besoin d'un fond plus sombre pour se distinguer et inversement.

en pots. De même, un mur enduit peut se révéler utile et attrayant et présenter une toile vierge passionnante. Construire un mur juste pour présenter une collection de pots peut paraître exagéré, mais, s'il s'intègre astucieusement, il peut constituer un élément central et permettre de créer un nouvel environnement dans lequel vous pouvez faire pousser des plantes qu'il vous était impossible de cultiver auparavant. Les murs enduits supportent n'importe quelle nuance et peuvent être repeints au gré de vos thèmes ou plantes. Un mur peint dans une terre cuite sombre évoque la Méditerranée, tandis qu'un bleu vif évoque le Maroc et un bleu vert la mer. Les cabanes sont souvent moins séduisantes, mais personnalisées avec soin, elles peuvent constituer de dignes toiles pour des collections de pots et d'objets d'art qui, à leur tour, peuvent les relier de manière convaincante au reste du jardin. En effet, j'ai toujours apprécié le potentiel créatif des cabanes de jardin.

Les surfaces horizontales jouent également un rôle important. La base sur laquelle les pots sont posés contribue, tout comme la toile de fond, à l'aspect général. La plupart du temps, le sol du jardin se compose de dallage, de gravier et de planches de bois et parallèlement à l'arrière-plan, il influence votre choix de pots. Une surface brute d'aspect moderne, composée d'un pavage effet granit, fonctionne parfaitement avec du métal contemporain, de nombreuses jardinières terrazzo carrées et des plantations architecturées. Une cour pavée de grès des Indes de taille aléatoire aux tons chauds convient plus souvent à la terre cuite ou au bois plus informels. Le terrazzo gris ou blanc est considérablement mis en valeur lorsqu'il est posé sur un tapis de morceaux d'ardoise bleu-gris, surtout s'ils se répètent en paillis sur le compost. Les bacs en fibre de verre effet plomb séduisent davantage face à la chaleur des pavés de briques rouges.

PAGE DE GAUCHE EN HAUT Cette mousse d'*Erigeron karvinskianus* et d'argyranthemum rose qui déborde d'un pot aux motifs prononcés est placée sur un fond uni où elle se distingue très nettement.

À GAUCHE Un simple fond neutre de planches en bois verticales peut suffire à faire ressortir vos pots et plantes.

À DROITE Lorsqu'ils sont placés dans des plantes en pot, les outils de jardin rouillés s'animent. Persil, roquette, pélargoniums et piments sont ici mis en valeur parmi d'audacieux vieux morceaux de fer.

La couleur

La possibilité de jouer avec les couleurs se révèle passionnante. Nous sommes tous profondément, bien que souvent inconsciemment, influencés par la couleur. Dans nos jardins, la couleur constitue la plupart du temps l'élément visuel dominant et le plus apprécié. Elle peut créer des illusions d'optique et modifier à la fois notre humeur et notre perception: un espace paraît plus grand ou plus petit, tranquille ou excitant, chaud ou froid et les objets paraissent plus proches ou plus éloignés selon les couleurs. En tout premier lieu, c'est l'idée que je puisse faire pousser des fleurs de n'importe quelle couleur qui m'a incité à jardiner et depuis l'introduction constante de nouvelles plantes offrant des fleurs ainsi que des feuilles dans une palette toujours plus large me passionne toujours autant.

Un mélange de couleurs non coordonné peut se révéler efficace, mais pas toujours. Une gamme de couleurs moins étendue garantit plus sûrement le succès esthétique, en particulier dans les espaces confinés. Plus vous ajoutez de couleurs, plus le rendu final s'en trouve diminué. Une répartition uniforme constitue un bon choix: la répétition des mêmes couleurs (ou de leurs nuances) à travers une plantation permet de procurer une sensation d'harmonie et de sérénité.

Les couleurs préférées sont une base solide pour tout arrangement et surtout pour les thèmes monochromes. Se limiter aux variantes d'une même couleur assure un ensemble harmonieux; unir les teintes claires et foncées d'une même couleur permet d'obtenir une sensation de profondeur. Chaque couleur individuelle a également sa propre incidence subliminale particulière (le mauve, par exemple, est apaisant, tandis que le rouge est plus stimulant). Les couleurs peuvent être, à des degrés divers, discrètes et apaisantes ou exubérantes et énergisantes. Les couleurs qui s'harmonisent procurent un effet bénéfique. Des couleurs vives nous stoppent dans notre élan.

Visuellement, les couleurs vives et chaudes, notamment le jaune et l'orange, semblent se diriger vers nous. Elles regorgent de vitalité et conviennent donc parfaitement à un espace de fête ou de barbecue. Les pastels doux donnent l'illusion de distance et les teintes pâles apaisent; ils reflètent également la lumière et se révèlent par conséquent utiles dans les zones ombragées. En utilisant le feuillage comme zone tampon, vous pouvez changer de couleur d'un pot à l'autre, vous faisant ainsi passer du calme à la vie et inversement. Ne vous restreignez pas aux feuilles vertes: le bronze, l'argent ou le bleu gris peuvent aider à la transition du chaud au froid, du clair au foncé et du clair au pastel. Le vert est la couleur la plus apaisante et non seulement il offre un arrière-plan polyvalent sous forme de haies, d'arbres et d'arbustes, mais les fleurs vertes peuvent unir des couleurs qui autrement s'opposeraient. Les plants de tabac vert citron, par exemple, peuvent marier des nuances intenses d'orange et de rose pour un rendu vraiment zen.

Les pots jouent également un rôle dans la couleur, tout comme leur environnement. Les tons chauds et naturels de la terre cuite conviennent à presque tous les types de plantation et de décor. Le terrazzo gris et l'argent métallisé cependant, sont souvent associés de manière plus convaincante à des roses, des bleus, des mauves, des gris et des blancs plus frais qu'à des rouges et des jaunes éclatants. Les bacs vitrés modernes sont disponibles dans une variété de finitions et peuvent contraster avec leur contenu ou le compléter.

Jouez, expérimentez, la couleur se trouve dans l'œil de celui qui regarde.

COMPRENDRE LES COULEURS

Un cercle chromatique démontre simplement comment les couleurs du spectre sont liées et s'influencent.

Comme elles contiennent des éléments de leurs voisines, les couleurs adjacentes se mélangent et sont considérées comme « harmonieuses ». Les couleurs « contrastantes » apparaissent sur les bords opposés du cercle, tandis que celles qui sont placées directement à l'opposé, comme le jaune et le violet ou le rouge et le vert, créent le contraste le plus intense et sont dites « complémentaires ». Le cercle peut également se diviser en deux, comprenant d'une part les couleurs froides (les bleus, verts et violets) et d'autre part les couleurs chaudes (les rouges, orange et jaunes).

À L'EXTRÊME GAUCHE Les couleurs voisines sur le cercle chromatique s'harmonisent. Ici, les alliums violets s'élèvent à travers une nuée de polygonums roses.

CI-CONTRE En restreignant votre palette de couleurs, vous pouvez obtenir des effets saisissants comme avec ces hellébores blanc crème qui s'opposent au phormium bronze. Le pot en émail se fond dans l'ensemble.

CI-DESSOUS Les pots vous permettent de prendre plus de risques au niveau chromatique que dans une bordure. La tulipe 'Formosa' et *Camassia cusickii* forment des partenaires printanières de choc.

Composition

La culture en pot est une méthode de culture non naturelle, mais en tant que telle, elle offre un potentiel créatif illimité. Les pots nous permettent d'exposer et d'apprécier nos plantes de manière très différente de celles plantées dans une bordure et la manière dont elles sont disposées influe sur l'effet visuel global. Une composition réussie implique des plantes, des fleurs, des feuilles, des pots et des accessoires qui se complètent agréablement en termes de forme, d'échelle et de proportion, ainsi que de couleur et de texture, de sorte que chacun est mis en valeur de manière optimale dans une présentation équilibrée.

Vos pots peuvent s'apprécier en solitaire ou par deux, de façon symétrique ou en miroir (de chaque côté d'une porte, par exemple), répétés (peut-être le long d'un chemin), presque collés les uns aux autres ou disposés de façon plus espacée, où chacun est mis en valeur dans un tout harmonieux. C'est cette dernière disposition que je choisis pour mes propres pots.

J'apprécie énormément les pots pour eux-mêmes (tous sont choisis avec soin) et je me régale de l'interaction entre les plantes, les pots et le décor. Un peu d'espace pour respirer produit une scène accueillante, sur plusieurs niveaux, permet aux plantes de se développer et facilite les manœuvres lors du réaménagement des ensembles de pots.

Une scène bien composée, à moins qu'elle ne soit d'apparence formelle, comprend généralement des

Une disposition espacée des pots offre à chacun une visibilité dans un ensemble coordonné et un plaisir visuel et physique extrêmement vivant.

La répétition des formes, des textures et des couleurs permet de lier un ensemble de pots et d'accessoires. Ici, il s'agit du bleu et du vert, les nœuds du bois faisant écho à l'ammonite tourbillonnante en béton (oui, en béton !).

À DROITE L'emploi d'une rangée de pots assortis contenant tous la même plante (ici, *Hylotelephium cauticola* 'Coca-cola') est une ruse simple qui permet d'attirer l'attention.

DES PLANTATIONS ÉQUILIBRÉES

Il existe différents schémas sûrs pour disposer les plantes dans un pot individuel. Le plus simple consiste à n'utiliser qu'une seule variété, mais vous pouvez employer n'importe quel nombre et n'importe quel ensemble de plantes aux habitudes complémentaires : le but étant généralement de trouver un équilibre entre les plantes horizontales et verticales. Cependant, lorsque vous utilisez trop de plantes différentes, l'ensemble perd de son effet et se contrôle moins aisément. J'applique souvent « la règle des trois » : une plante verticale, un élément au sol et une autre qui relie les deux premiers visuellement. Toutefois, les variantes sont infinies.

pots de différentes hauteurs et tailles, mais pas nécessairement de formes différentes. Le choix de pots soit angulaires soit ronds ainsi qu'un nombre restreint de matériaux permettent d'obtenir plus facilement un ensemble cohérent. Une différenciation marquée en termes de taille, cependant, rend la scène plus dynamique et la surface des grands pots peut servir de fond aux plantes qui poussent dans de plus petits pots à l'avant. Alors que les plantes plus grandes se trouvent généralement mieux à l'arrière ou, si l'on veut les voir sous tous les angles, au centre, les plus grands pots n'obéissent pas nécessairement aux mêmes contraintes. En effet, des pots proportionnellement hauts peuvent servir à surélever des plantes qui poussent bas, alors que les grands spécimens semblent généralement plus stables dans des pots aussi larges que hauts. Il convient d'assortir proportionnellement la plante au pot.

L'approche la plus efficace pour obtenir une magnifique composition consiste à sélectionner quelques pots majeurs, peut-être tous du même style, mais de tailles différentes, parmi d'autres disposés de manière artistique (ainsi que des accessoires). Les pots principaux permettent d'ancrer l'ensemble et peuvent abriter des plantes permanentes, tandis que les pots supplémentaires peuvent accueillir des plantes plus temporaires, remplacées au fil des saisons. L'utilisation d'une seule variété par pot et la répétition d'une même plante (ou de plantes de même apparence) ou d'une même couleur harmonisent l'ensemble. La juxtaposition des éléments garantit le dynamisme. Aussi, utilisez de grands et minuscules pots, des textures rugueuses et des lisses ainsi que des formes solides et audacieuses qui contrastent avec des formes plus douces. Prenez du recul de temps en temps pour évaluer la composition sous différents angles et déplacez les pots jusqu'à ce que l'ensemble vous convienne. Vous pouvez changer la disposition au gré de vos envies.

Texture et toucher

Lorsqu'elles s'élèvent pour fleurir, les rosettes coniques des orostachys (bonnet de fou chinois) invitent à la caresse.

Ajoutez d'autres textures à une scène avec des objets à toucher tels que du verre recyclé ou des galets lisses de rivière.

En pot, les plantes que nous adorons sont particulièrement accessibles à tous nos sens. Les légumes, les fruits et les fleurs comestibles sont faciles à cueillir ou à goûter tandis que le parfum des fleurs flotte juste sous nos narines. Le bruissement des herbes et le cliquetis des cosses de graines sont plus proches de nos oreilles. Visuellement, ce ne sont pas seulement les couleurs, les formes et les proportions qui nous enthousiasment, mais également la consistance infiniment variée des feuilles, des fleurs, des tiges, des surfaces du jardin et, bien sûr, des pots eux-mêmes. Les présentations sophistiquées reposent autant sur la texture et la forme que sur la couleur. Les textures donnent de la profondeur et des sensations à nos jardins, nous incitant à l'interaction par notre sens tactile.

De nombreuses plantes aspirent à être touchées et caressées. Qui n'est pas curieux de découvrir si une feuille est aussi coriace, aussi velue, aussi lisse ou a autant la texture du papier qu'elle en a l'air? Une relation « tactile » avec vos plantes vous aide à apprécier pleinement toutes leurs qualités et, à titre personnel, certaines vous apportent encore bien davantage. C'est seulement lorsque vous frottez ou écrasez doucement leurs feuilles que l'arôme de nombreuses herbes, comme le thym et la verveine citronnée, développe toute sa puissance. Les bienfaits déstressants et thérapeutiques lorsque vous caressez des plantes sont tels que je dispose stratégiquement les pots de plantes à toucher, notamment les saxifrages mousses et le buis taillé. Faire courir ses doigts dans les touffes soyeuses de *Stipa tenuissima*, une herbe vivace et résistante, constitue une expérience sensuelle et apaisante. Et puis il y a le saule tire-bouchon à tiges souples que j'aime bien toucher quand je suis à ses côtés, et les doux épis de fleurs de tiarelle (fleur de mousse) appellent irrésistiblement nos sens tactiles. Lorsque vous les effleurez contre votre paume, vous saisissez toute la portée de leur nom.

Du feuillage et des tiges doux et feutrés de *Verbascum bombyciferum* (molène), en passant par les feuilles grossièrement nervurées et ondulées des hostas, jusqu'aux persistantes très luisantes telles que les bergénias et les camélias, chaque plante offre une texture distincte et procure une sensation tactile. Mais soyez prudents, car certaines parties des plantes peuvent irriter (voire pire). Nous pensons ainsi immédiatement aux euphorbes – pour leur sève laiteuse –, aux brugmansias (trompette des anges), ainsi qu'à certaines primevères.

Les faces supérieure et inférieure d'une feuille peuvent varier considérablement en termes d'aspect et de toucher. Il n'est pas de meilleur exemple que *Rhododendron yakushimanum*: cette persistante compacte et robuste se révèle bien plus intéressante que les hybrides à grandes fleurs disgracieuses que je cultivais enfant. Ses belles feuilles charnues ont un aspect cuir sur le dessus, mais si vous en soulevez une, vous découvrirez un indumentum de couleur chamois, de jolis petits poils à l'aspect et au toucher veloutés. La texture des fleurs varie également. Les fleurs des bégonias, éclatantes, ont des pétales soyeux, tandis que celles des echeverias à feuilles charnues sont nettement cireuses et paraissent artificielles au toucher et à la vue.

Un ensemble de plantes de texture identique ou similaire, comme toutes les plantes grasses lisses ou toutes les fougères à tige poilue, apporte de la sérénité, tandis qu'un mélange crée une scène plus stimulante et plus agréable à regarder. L'utilisation de feuillages

Un jardin est composé de textures très variées, qu'apportent non seulement les plantes, mais aussi les surfaces et les objets, à la fois vivants et inanimés. Un ensemble de pots offre un moyen facile d'expérimenter les contrastes de textures.

Mariez le premier plan et l'arrière-plan par le jeu des formes, des couleurs et des textures. Les galets qui remplissent le gabion rappellent le mur de pierre, tandis que les feuilles d'enchères rouge-orange et la terre cuite reprennent les tons des tuiles du toit.

L'une des qualités les plus séduisantes de nombreuses herbes ornementales réside dans leur dynamisme : elles sont rarement immobiles. Je plante certaines herbes autant pour leur bruissement dans la brise que pour toute autre raison. À cet égard, la soyeuse *Stipa tenuissima* ne vous décevra jamais.

de tailles et de textures extrêmement opposées garantit un spectacle verdoyant : les feuilles de fatsia, par exemple, grandes, brillantes et sculpturales, sont fortement accentuées lorsqu'elles font face au feuillage en dentelle délicat des érables japonais à feuilles découpées.

Les éléments paysagers en dur d'un jardin, notamment les murs et les sols, offrent une multitude de surfaces intéressantes qui contrastent avec les feuilles et les fleurs et les complètent. Un mur ou un dallage lisse, par exemple, met les pots à surface rugueuse ou les plantes à feuilles épaisses en valeur et vice versa. Les pots eux-mêmes introduisent de nombreuses textures et sensations, de la douceur sensuelle du marbre poli ou du terrazzo au granuleux moins attirant du béton ou de la faïence non émaillée. Les intempéries et le temps modifient également la texture : la pierre et la terre cuite se recouvrent de lichen et les métaux s'oxydent. Les entrelacements de textures variées nous attirent et attisent tous nos sens.

Accessoires

L'acquisition impromptue de plusieurs dizaines de minuscules pots en terre cuite recouverts de lichen et d'un bel arrosoir en zinc, mais percé, m'a depuis longtemps convaincu que l'utilisation parcimonieuse d'accessoires peut devenir source de plaisir. Inutilisable, l'arrosoir reposait de manière décorative au milieu d'un groupe d'herbes dans des pots de terre cuite, tandis que les pots, peu pratiques, étaient empilés et entreposés sans plantes. Les contrastes visuels de pots vides accolés les uns aux autres et de tons chauds naturels opposés aux tons métalliques froids, le tout niché dans une verdure calme, m'ont enchanté.

Beaucoup d'outils de caractère et d'objets horticoles originaux à la retraite viennent compléter avec humour ma collection de pots. Aucun d'entre eux ne m'a coûté cher, mais il faut parfois dépenser de grosses sommes pour des antiquités de jardin authentiques et des statues de qualité. La recherche d'accessoires ou outils de jardins en tout genre à bon marché est une activité enrichissante en soi, tout comme la pratique de la récupération et du recyclage. Qu'ils soient achetés, chinés ou trouvés, naturels ou fabriqués par l'homme, les accessoires peuvent vraiment embellir l'ensemble. La récupération de matériel agricole convient souvent aux jardins de campagne, tandis que les pierres moussues et les troncs d'arbre agrémentent les fougères en pot dans un coin privé de lumière. Les objets imposants de forme solide et définie, tels que les rouleaux à gazon vintage ou les galets et autres pierres sont les plus intéressants. Et soyez joueurs : même les nains de jardin peuvent trouver leur place. Sérieusement.

La retenue est le maître mot : quelques objets soigneusement sélectionnés et placés stratégiquement attirent plus facilement l'attention qu'une accumulation d'objets n'ayant aucun rapport entre eux. Trop d'encombrement détournera l'attention des pots au lieu de les mettre en valeur, alors ne vous sentez pas obligé d'utiliser tout ce que vous avez rassemblé d'un seul coup dans un seul espace. Mon hangar est rempli d'objets qui attendent le bon moment, mais nombre d'entre eux ne verront jamais la lumière du jour.

ÉTIQUETEZ VOS PLANTES

Les noms des plantes – en particulier des variétés spécifiques – peuvent facilement échapper à notre mémoire, ne serait-ce que temporairement, et l'étiquetage peut par conséquent se révéler fort utile. Loin d'être laides ou perturbantes, beaucoup d'étiquettes pour plantes viennent embellir les pots. Il n'est pas difficile de les fabriquer soi-même à partir de divers matériaux, tels que l'ardoise, le bambou ou les tubes de cuivre, et même lorsqu'elles ne servent pas, elles valent la peine d'être exposées.

EN HAUT DE LA PAGE Sauvé d'une benne et soutenant en équilibre un trio de joubarbes dans des pots maison en terre cuite, ce patin à roulettes rouillé fait généralement sourire.

AU MILIEU Les étiquettes pour plantes ne sont pas nécessairement inesthétiques et lorsqu'elles ne servent pas, elles peuvent être rangées à la vue de tous.

EN BAS Toutes sortes d'objets décoratifs permettent de donner du caractère : des fossiles et des cailloux au bois flotté en passant par la corde.

Placez-les en hauteur

Dans des bacs, vous pouvez littéralement mettre vos plantes préférées sur un piédestal: les pots surélevés nous permettent d'entretenir un lien particulier avec elles. Ils nous aident à faire plus ample connaissance avec les petits spécimens facilement oubliés en pleine terre et à mettre en valeur les éléments les plus délicats d'autres plantes. Installées sur des tables en bois, un printemps, afin de contrer les blaireaux affamés, mes tulipes en pot ont visiblement gagné en présence. Elles étaient mieux éclairées tout au long de la journée et, lorsque j'étais assis, le ciel présentait un fond jusqu'alors inexploité. Depuis, j'ai intentionnellement cherché des plantes et des pots à mettre en hauteur ainsi que toutes sortes de mises en scène pour eux. Une grande plaque d'ardoise reposant sur un pot carré en terrazzo gris m'a longtemps servi de table basse et un socle de machine à coudre surmonté de marbre expose une série d'alpines, de bulbes nains et de plantes grasses.

Dans les jardins des demeures de prestige, des urnes décoratives sont présentées sur des socles et des colonnes tout aussi impressionnants pour les rehausser. Cependant, la plupart des pots ne nécessitent pas de support aussi monumental et, pour des raisons de poids et d'échelle, les pots de petite et moyenne tailles se prêtent mieux à une présentation hors sol. Mais ne vous contentez pas de surélever les petits pots: en disposant également de grands pots parmi eux, vous obtiendrez une composition plus stimulante. Les poubelles galvanisées retournées (qui forment également des pots de grande capacité), les vieux fûts d'huile, les chaises de jardin et les caisses en bois, entre autres, peuvent tous servir de base pour des pots seuls ou accompagnés. J'ai trouvé des sections de traverses de chemin de fer retournées idéales pour mettre en valeur les plantes qui jaillissent des pots muraux et des escabeaux en bois parfaits pour exposer des rangées d'auriculas. Outre leur utilité pratique, ces objets embellissent considérablement la scène en apportant des contrastes de texture et des formes intéressantes.

Les pots individuels ou les petites collections ne sont pas les seuls à pouvoir se laisser admirer sur des podiums isolés, les assortiments rassemblés sur des plateformes de hauteur et de style variés permettent d'obtenir des présentations éclectiques sur plusieurs niveaux. Les piles de vieilles briques de maison sont idéales pour élever les pots clés au sein d'un ensemble et en faciliter le drainage. Un certain nombre de mes propres pots ont une double fonction et sont souvent retournés afin d'y placer d'autres pots. Si vous avez de l'espace et de l'ambition, des piles de palettes en gradins recouvertes de bois décoratif créent des « lots » pour les grands ensembles de pots.

EN HAUT À GAUCHE Une dalle de marbre soutenue par des piliers de briques ou un vieux support de machine à coudre forment un comptoir d'exception pour un tas de pots et d'accessoires.

EN BAS À GAUCHE Lorsqu'il est bien mis en hauteur, sur le bon socle, même un petit pot peut produire son effet. Ici *Isotoma* 'Fairy Footsteps' se trouve au sommet d'une grille d'évacuation renversée et hors service.

GALERIE
AU FIL
DES SAISONS

PRINTEMPS

LE PRINTEMPS COMMENCE

Le printemps est une période passionnante dans le jardin et qui passe très vite. Les bulbes à fleurs forment un pilier et sortent très tôt. Ce sont les espèces à croissance plus courte, principalement bleues et jaunes, qui sont les plus abondantes. Ces bulbes conviennent parfaitement à la culture en pot où ils peuvent être disposés à hauteur des yeux et admirés aisément. Presque tous mes bulbes nains se trouvent dans des pots, des casseroles ou des auges en terre cuite que les tons chauds mettent parfaitement en valeur.

PAGE 32 Il est possible de capturer l'essence d'une saison dans un seul pot savamment cultivé, surtout si vous sélectionnez des plantes caractéristiques de cette période de l'année. *Gentiana sino ornata* constitue l'un des joyaux de l'automne et est accompagné ici de *Crocus speciosus* 'Conqueror' qui fleurit en octobre.

PAGES 34 à 37 La soudaine montée en puissance de la fin du printemps se manifeste dans ce paysage en pot de tulipes à leur apogée, de coussins de phlox fleuris et de lavandes prêtes à être cueillies.

❶ Placé sur une vieille poubelle remplie, ce pot se laisse admirer sous toutes les coutures. Une seule *Euphorbia* 'Redwing' au centre laissera apparaître plus tard ses bractées de fleurs jaune-vert vif. Au même moment, la multitude de fleurs *Primula* du groupe Goldlaced attire le regard. Les lourdes fleurs dorées de *Narcissus* 'Rip van Winkle' éclatent, ploient sous leur propre poids et dodelinent de la tête à la moindre brise.

❷ Suivant le même principe que le muscari (4), cette variante présente *Scilla siberica* bleu foncé associés aux sempervivums. Une brique creuse remplie de compost granuleux et drainant offre juste assez d'espace pour faire pousser ces petites plantes.

❸ Les iris nains fleurissent pendant cette période de transition où l'hiver cède la place au printemps en une fraction de seconde. Ils sont indispensables au jardin. Lorsque des narcisses miniatures entrent en floraison, vous savez que le printemps est arrivé. Ici, *Iris reticulata* 'Harmony', d'un bleu profond, et *Narcissus* 'Tête-à-Tête' à plusieurs têtes se rassemblent autour de *Corylus avellana* 'Red Majestic' un noisetier tordu à tiges en spirale, qui projette des ombres saisissantes, placé sur un fond approprié. Accompagnant des pots imitation porcelaine, *Iris* 'Katharine Hodgkin', violet. 'Pauline' et 'Clairette' bleu pastel complètent l'ensemble..

❹ Cet effet simple, mais impressionnant est obtenu grâce à *Muscari* 'Valerie Finnis' et une sélection de plantes grasses vivaces, les sempervivums (joubarbes). Empotez-les en automne et au printemps le muscari transpercera le tapis irrégulier de sempervivum, offrant ainsi un spectacle de formes et de textures contrastées. Coupez les tiges de muscari fanées et, après qu'elles ont séché, retirez les feuilles pour révéler un paysage de rosette miniature.

❺ Placée dans l'un de mes pots préférés, voici une plantation joyeuse que je reproduis tous les ans. *Anemone blanda* produit une succession de fleurs de type marguerite qui complètent les étoiles à pétales effilés de *Narcissus* 'Rip van Winkle'. *Carex comans* au feuillage bronze forme un fond soyeux.

HELLEBORES & HEUCHÈRES

Les hellébores et les heuchères figurent en bonne place sur ma liste de plantes en pot fiables pour l'hiver et le printemps et elles s'accordent parfaitement. Les heuchères se marient agréablement avec une large variété de plantes, c'est pourquoi je les utilise fréquemment. Leurs noms sont plein de couleurs: 'Silver Gilt' (feuilles couleur étain à nervures foncées), 'Ginger Peach' (orange cuivré), 'Lime Ruffles', 'Plum Pudding' et 'Obsidian' valent le détour. Des gerbes de fleurs rose délicat, crème ou blanches (selon la variété) apparaissent par intermittence au printemps et en été.

1

2

3

4

5

Mon choix d'hellébores en pot se tourne vers les cultivars du groupe Rodney Davey Marbled (1) 'Dorothy's Dawn', (2) 'Glenda's Gloss' et (3) 'Moondance'. Leurs feuilles sont aussi belles que leurs fines fleurs et, tout comme les heuchères, elles restent belles toute l'année. *Helleborus foetidus*, une persistante, aux feuilles élégantes et divisées, à fleurs vert pomme vaut aussi la peine d'être cultivée. Pour en tirer le meilleur parti, nourrissez les hellébores en pot toutes les deux ou trois semaines à la fin du printemps et en été, en utilisant un engrais à forte teneur en potassium. Lorsque c'est possible, gardez-les à mi-ombre à floraison, même s'ils s'apprécient mieux dans un endroit plus lumineux.

(4) Bien qu'elles ne soient plus à leur apogée, les fleurs en forme de coupe blanches des hellébores restent subtilement attrayantes et totalement magiques lorsque le soleil les éclaire délicatement.

(5) Pour accentuer les couleurs au début du mois d'avril, plantez les bulbes directement dans le pot en automne ou trichez un peu et plantez quelques tulipes cultivées dans des pots de 9 cm ou provenant de jardineries. Les hellébores et les heuchères supportent un peu de désordre. 'Showcase', une tulipe double d'un beau fuschia, à croissance rapide, trouve sa place ici.

(6) Vers la mi-mars, après deux mois de floraison intense, le trio d'hellébores du groupe Rodney Davey Marbled décline, mais non sans grâce. Entassés dans un coffre à munitions vintage, accompagnés d'une série d'*Heuchera* 'Blackberry Jam' aux feuilles violettes et argentées et placés sur un vieux réservoir d'eau galvanisé, ils sont rejoints par les sempervivums et les scilles de la page 36, plantés dans des briques. Les bourgeons verts d'hiver de la persistante *Skimmia japonica* 'White Dwarf' s'ouvrent comme des fleurs blanches et étoilées au printemps et la première des tulipes se détache sur le fond. La terre cuite envahie de lichens, le métal rouillé, les galets, les tuiles d'argile et les supports en bois patinés par le temps offrent un festival de textures intéressantes qui disparaîtraient si les fleurs étaient trop abondantes.

TULIPES, PARTENAIRES IDÉALES

La saison des tulipes s'étend du milieu du printemps au début de l'été. Si vous recherchez de la couleur, comme la plupart d'entre nous, plantez des tulipes! Plantez autant de pots de tulipes que le cœur vous en dit. Elles font partie de ces plantes magiques qui améliorent la vie et vous redonnent le sourire. La gamme de variétés est vraiment fascinante et les pages qui suivent sont consacrées à quelques-unes de mes tulipes « sans lesquels je serais perdu », accompagnées de suggestions d'associations. L'une des nombreuses qualités des tulipes est que bien qu'elles n'aient pas besoin de partenaires, elles constituent d'excellentes coéquipières. C'est comme si elles avaient été créées pour pousser en pot tant elles s'harmonisent bien avec ceux-ci.

❶ L'élégante 'Flaming Parrot' est l'une des dernières tulipes à fleurir. Ici, elle est associée à *Iris sibirica* 'Tropic Night' dans une formidable union. Le bleu véritable est la seule couleur qui manque à la palette des tulipes, mais cet iris qui aime l'humidité compense obligeamment. Ses épées élancées restent décoratives longtemps après la floraison et contrastent par leur forme avec les larges feuilles à marge jaune de *Hosta fortunei* var. *aureomarginata*, qui seront plus tard suivies par des hampes de trompettes lilas. *Narcissus* 'Pipit' est un véritable trésor à têtes multiples, dont la floraison tardive dure longtemps.

❷ *Tulipa* 'Green Star' à fleurs de lys s'élève au milieu de *Pericallis x hybrida* Senetti Blue à fleurs de marguerite d'un bleu profond et forme un bel élément central. Les violas bleues forment une joyeuse couronne de fleurs qui, avec les senetti, éclosent au début de l'été.

1

2

❸ Des plantes vivaces et des bulbes robustes offrent ici un spectacle qui dépasse le cadre des tulipes. *Hosta* 'Halcyon' aux feuilles bleu vert tapisse et adoucit le bord de cet énorme pot et au milieu s'élève cet *Ornithogalum nutans* à fleurs vert gris et *Tulipa* 'Formosa', un type de viridiflora aux fleurs vert acidulé qui contrastent merveilleusement avec 'Bleu Aimable'. *Camassia leichtlinii* envoie ses tiges élancées vers le ciel pour faire éclater ses fleurs étoilées alors que les tulipes déclinent. Vous apercevez à peine les minuscules fleurs blanches d'*Anthriscus sylvestris* 'Ravenswing'. Ses feuilles chocolat finement découpées remplacent plus tard les tulipes.

❹ Ce mélange éhonté de bulbes à floraison printanière comprend *Hyacinthus* 'City of Haarlem', au parfum enivrant, *Anemone coronaria* de la série Harmonie aux fleurs en forme de coupelle et les petites tulipes 'Showcase'. La laîche vivace à feuilles persistantes *Carex oshimensis* 'Eversheen', comble les espaces et adoucit les bords.

ENCORE DES TULIPES

Loin d'être éphémères, de nombreuses tulipes restent en fleurs pendant un mois entier et changent d'aspect – et souvent de couleur – avec l'âge.

De l'instant où les bourgeons dévoilent leur couleur jusqu'à la chute du dernier pétale, elles vous enchantent.

Les associations possibles sont infinies, mais la simplicité l'emporte souvent et j'ai par conséquent tendance à ne pas planter trop de variétés dans un même pot.

Chacun de ces ensembles ne contient pas plus de trois plantes différentes toujours aussi ravissantes même après floraison.

1 'Apricot Parrot' figure en tête de ma liste des tulipes les plus exubérantes, au plus fort caractère et qui fleurit le plus longtemps. Tout droit sortie d'un atelier de grand maître, c'est celle que j'emporterais sur une île déserte. Ses fleurs multicolores, plissées, froncées et frisées, sont attendues avec impatience et appréciées à tous les stades sur de nombreuses semaines.

2 Cette flamboyante plantation dans un récipient ovale en fer blanc dégage un charme printanier. Elle comprend quelques grands favoris, dont 'Apricot Parrot', qui explose à travers un tas de feuilles orange abricot d'*Heuchera* 'Peach Flambé'. *Euphorbia myrsinites* étend ses tiges souples habillées de feuilles charnues bleu vert et terminées par des grappes de bractées vert acide.

❸ L'incontournable heuchère – ici 'Marmalade' - réapparaît sous la forme d'une base pour *Tulipa* 'Malaika' ('Bruine Wimpel'), dont les fleurs bronze éclatantes sont teintées de rose antique. La délicate *Geum* 'Flames of Passion' à fleurs rouge orangé, s'élève parmi les tulipes pour former un lien à mi-hauteur. Les feuilles vert tendre d'un charme en pot forment une toile de fond vivante.

❹ Les Phormiums (lin de Nouvelle-Zélande) paraissent exotiques, mais sont étonnamment rustiques. Pour les pots, choisissez des variétés de taille plus modeste telles que 'Pink Panther'. Les pétales évasés de *Tulipa* 'Marilyn' à fleurs de lys présentent des rayures roses qui renvoient au phormium. Le lierre bigarré forme une base dans le fond, adoucissant le bord du seau, et *Leptospermum scoparium* 'Martini', un autre Néo-Zélandais, arbore des boutons de fleurs roses.

❺ *Tulipa* 'Weber's Parrot' et *Brunnera macrophylla* 'Jack Frost' aux feuilles argentées forment un duo de choc, l'une vaporeuse et l'autre gaufrée. Une fois les tulipes passées, tirez-les et coupez-les au-dessus de la brunnera. Votre récompense : une nouvelle pousse de feuilles parfaites.

PAYSAGES DE TULIPES

Chaque année, je fais pousser autant de tulipes que je peux. J'en plante beaucoup d'une seule variété par pot, ainsi je ne cours pas le risque d'avoir une variété à son apogée aux côtés d'une autre qui n'a pas encore éclos dans le même pot. Les tulipes se prêtent aux expositions collectives et vous pouvez en créer de magnifiques si vous les regroupez et en placez certaines en hauteur sur des caisses retournées, des pots ou des tables. En les intercalant avec d'autres plantes de saison, telles que les alpines, les érables du Japon et les plantes vivaces à floraison printanière, vous pouvez réaliser un paysage extrêmement luxuriant dans un espace des plus restreints.

Assurez-vous que vos tulipes ne manquent pas d'eau dans les semaines précédant la floraison. Autrement, leur croissance pourrait s'en trouver sérieusement perturbée.

❶ Un trio de mes tulipes les plus fiables – 'Grand Perfection' rouge et blanc crème, 'Gavota' ocre et bourgogne et 'Recreado' prune – sont associées à d'autres incontournables du printemps. Posés sur un banc en bois, les roses et les mauves de *Phlox subulata* 'Candy Stripe', *P. s.* 'Emerald Cushion Blue' et *Saxifraga* 'Peter Pan' contrastent sur un fond de lavandes françaises, *Lavandula* 'Regal Splendour' et *L.* 'Tiara'.

❷ Éclairée par le soleil du matin, cette scène s'anime. La répétition de variétés identiques ou de tons similaires confère un sentiment d'unité et les différences de hauteur des pots apportent rythme et équilibre. Le feuillage abondant offre un certain calme au milieu du chaos des tulipes.

❸ Il y a tant de merveilles dans cette scène, je la trouve fascinante. Outre la splendeur exubérante des tulipes elles-mêmes, une lumière magique les anime. C'est comme si elles dansaient. Quelques pots d'élégantes tulipes (ici 'Grand Perfection', 'Caribbean Parrot' et 'Estella Rijnveld') sur un fond de verdure suffisent à remonter le moral.

À L'OMBRE

De nombreuses plantes d'ombre connaissent leur apogée au printemps et figurent parmi les variétés à privilégier. Les fougères et les hostas occupent la première place, mais il existe une multitude d'autres beautés des forêts qui, à moins que vous ne disposiez de conditions parfaites, ont plus de chances de prospérer dans des pots qu'en pleine terre. Si vous conjuguez feuillage et fleurs, ces plantes conserveront leur attrait bien au-delà du printemps.

1 *Corydalis flexuosa* 'Purple Leaf' produit de délicates fleurs d'un bleu brillant qui semblent flotter au-dessus du feuillage sombre.

4

6

5

2 *L'Hosta* (groupe Tardiana) 'Halcyon', qui aime l'humidité, le myosotis vivace *Brunnera macrophylla* 'Looking Glass', l'ajuga (clairon) et les fougères éclairent un coin ombragé dans des teintes de bleus. Ces plantes s'épanouiront ensemble pendant quelques saisons avant qu'il ne soit préférable de les séparer. Séparez chaque plante et rempotez quelques-unes des plus saines dans le même pot avec du compost frais.

3 Il est judicieux de choisir des fougères pour les bacs en zones ombragées, associées à d'autres plantes vivaces et bulbes ou à des annuelles et des vivaces tendres pour créer une sensation de luxuriance.

4 Le mélange de matériaux doux et délicats avec des matériaux volumineux vous garantit le spectacle. Cultivé à partir de tubercules achetés au début du printemps, *Sauromatum venosum* (lys vaudou) forme une voûte en forme de parapluie de feuilles spectaculaires, maintenues par des tiges robustes et tachetées, et précédées de belles fleurs, mais à l'odeur désagréable. S'y entremêlent *Athyrium filix-femina* 'Frizelliae' – une fougère délicate aux frondes arquées – *Corydalis flexuosa* 'Purple Leaf' et *Viola hederacea* (à feuilles de lierre violettes) un couvre-sol à longue floraison.

5 *Dicentra* 'King of Hearts' est une plante vivace résistante qui s'étend pour former des touffes de belles feuilles glauques et des fleurs roses en forme de médaillon qui s'étendent sur une longue période. Vous pouvez la planter pour remplacer ou l'ajouter aux schémax de plantation ombragée 2 ou 4.

6 *Athyrium filix-femina* 'Frizelliae', *Corydalis flexuosa* 'Purple Leaf' et *Viola hederacea* se réunissent sous les énormes feuilles en forme de mains de *Sauromatum venosum* et accentuent ses tiges impressionnantes.

FLEURS ÉTOILÉES

Les fleurs éclosent sous des formes très variées allant de la coupe plate ou coupe aux trompettes en passant par les cloches. Certaines vous exposent clairement leurs détails, d'autres devront être surélevées pour pouvoir percer leurs mystères. Les fleurs étoilées se laissent généralement aisément contempler et sont abondantes au printemps. En voici quelques-unes qui brillent en pots.

❶ Cette boîte en bois si précieuse apparaît à plusieurs reprises dans le livre. Elle est assez grande pour contenir une composition percutante, mais suffisamment petite pour pouvoir être replantée sans grand effort plusieurs fois par an. Ici, les joyeux *Viola wittrockiana* 'Ultima Morpho' et *Trifolium repens* 'Atropurpureum' forment un tapis, sur lequel trônent Ornithogalum nutans à fleurs étoilées et poursuivant le thème céleste, *Narcissus* 'Baby Moon'.

❷ Fleurissant à la fin avril et en mai, puis à la fin de l'été, *Clematis* 'Bijou' est un cultivar compact spécialement conçu pour les pots. Ici, elle est associée à *Pericallis x hybrida* Senetti Blue pour une explosion de couleurs. *Festuca glauca* 'Intense Blue' bleu acier les côtoie dans un pot à part.

❸ *Phalaris arundinacea var. picta* 'Feesey' est une jolie herbe, mais très rampante que je ne laisserais pas s'aventurer en pleine terre. Cependant, sous contrôle dans un beau pot, elle a beaucoup à offrir. Ici, ses feuilles rayées forment un feuillage pour un couple d'ails d'ornement, *Allium cristophii* et *A. caeruleum*, portant des ombelles composées d'une multitude d'étoiles. Coupez l'herbe à sa base en été pour laisser pousser un nouveau feuillage, mais laissez les ombelles en place pour la structure.

❹ L'*exotique Scilla* peruviana est un bulbe à floraison printanière facile à cultiver, avec des tiges robustes qui portent des têtes impressionnantes composées de nombreuses petites fleurs saphir étoilées. Il s'agit d'une plante indépendante, qui ne nécessite aucune compagnie. Ici, j'ai planté trois bulbes dans un pot en plastique et je l'ai placé dans une jardinière gabion remplie de cailloux.

1

2

3

4

PLANTES VIVACES À FLORAISON LONGUE

Si de nombreuses plantes vivaces ne fleurissent pas assez longtemps ou sont trop grandes, envahissantes ou disgracieuses pour être cultivées en pot, d'autres fleurissent perpétuellement ou présentent un joli feuillage (ou les deux) et conviennent parfaitement aux compositions en pot.

1 2 & 3 Plantées en avril, en tout début de croissance, ce quartet de vivaces était en pleine floraison mi-mai et l'est toujours fin juin. *Polemonium boreale* 'Heavenly Habit' aux fleurs bleues et *Dicentra* 'King of Hearts' rose ont fané pour l'été, mais elles seront de retour l'année suivante et l'espace qu'elles ont laissé sera bientôt comblé par *Geranium* 'Azure Rush' et *Anemone* 'Wild Swan', qui fleurissent en continu jusqu'à l'automne.

4 Le ton et la texture sont essentiels à la réussite de cette plantation vivace, le mur derrière faisant écho aux nuances des feuilles. C'est subtil, mais agréable. Au centre, *Tiarella* 'Pink Skyrocket' produit de petits épis de boutons roses qui blanchissent en s'ouvrant. *Ajuga reptans* 'Burgundy Glow' est cultivé principalement pour ses feuilles tachetées ainsi que pour ses fleurs bleues qui s'épanouissent au printemps. Deux *Geranium x antipodeum* 'Purple Passion' aux feuilles prune sont situés de chaque côté du bac. Coupez sévèrement au début de l'été pour obtenir une nouvelle poussée de feuilles et de fleurs.

PURE ET SIMPLE

Bien qu'ils puissent parfois paraître un peu trop contrôlés, des thèmes de couleurs soigneusement étudiés produisent toujours un impact, qu'il s'agisse de nuances savamment contrastées, d'un mélange apaisant de pastels harmonieux ou d'une couleur unie, peut-être votre préférée. Les plus simples sont les plus sûres : les blancs et les argents monochromes plaisent toujours. De même, choisir l'extrémité chaude ou l'extrémité froide du spectre garantit généralement un succès chromatique.

① Installé dans un charmant bac en ardoise grise, *Rhodanthemum* 'Casablanca' forme un tapis dense de feuillage argenté en dentelle d'où s'élève une longue succession de fleurs blanches en forme de marguerites sur des tiges grises. Cette superbe persistante fleurit souvent très tôt dans la saison. De chaque côté, *Armeria maritima* 'Alba' ② produit des tiges robustes, mais élancées, surmontées de pompons d'un blanc pur, qu'il convient de couper au fur et à mesure qu'ils fanent afin que la floraison perdure. Garnies de minuscules coupes d'un blanc éclatant, *Arenaria montana* foisonnante ③ déborde aux angles, aux côtés de l'aromatique *Thymus* 'Silver Posie' panaché gris et vert. ④ Bien qu'ils puissent parfois paraître un peu trop contrôlés, des thèmes de couleurs soigneusement étudiés produisent toujours un impact, qu'il s'agisse de nuances savamment

contrastées, d'un mélange apaisant de pastels harmonieux ou d'une couleur unie, peut-être votre préférée. Les plus simples sont les plus sûres : les blancs et les argents monochromes plaisent toujours. De même, choisir l'extrémité chaude ou l'extrémité froide du spectre garantit généralement un succès chromatique.

5 & 6 Cette caisse en bois est remplie de pavots d'Islande cultivés (*Papaver nudicaule* groupe Garden Gnome) et de rien d'autre. J'ai envisagé d'associer d'autres plantes également, mais il y aurait beaucoup à dire sur les mérites de la simplicité. Les oranges et les jaunes des coquelicots de papier brillent chaleureusement au soleil et ils sont encore plus beaux, surélevés lorsqu'on peut les admirer sur le bleu du ciel. Vous n'obtiendriez pas cet effet dans une bordure. Coupez régulièrement les tiges de fleurs fanées à leur base pour qu'elles fleurissent pendant de nombreuses semaines.

ÉTÉ

BULBES D'ÉTÉ

Bien que la saison ne soit pas aussi faste que celle du printemps, il existe de nombreux bulbes et tubercules à floraison estivale de première qualité qui se prêtent bien à la culture en pot. La majorité d'entre eux donnent des fleurs voyantes et colorées. Parmi les espèces les plus fiables, on trouve les glaïeuls, les eucomis, les lys, les dahlias nains, les zantedeschias et les bégonias. Des genres moins courants, comme les polianthes et les tigridias, viennent temporairement compléter les compositions estivales.

1 Je plante souvent des glaïeuls au milieu d'herbes et de plantes vivaces. Il en résulte un éclair surprenant de couleur, certes éphémère, mais réjouissant. Les glaïeuls nains et « papillon » se cultivent facilement en pots, produisant souvent deux ou trois tiges de fleurs par bulbe. Tempérez leur flamboyance avec des plantes plus délicates, notamment des herbes telles que *Panicum virgatum* 'Heavy Metal' (panic érigé). N'en semez pas trop, le moins étant le mieux dans ce cas et coupez les tiges une fois qu'elles ont fleuri. Bien qu'ils refleurissent fréquemment l'année d'après, il est judicieux d'acheter de nouveaux bulbes chaque année pour garantir la qualité de votre composition. Ici, les lames étroites et les panicules aériennes du panicum et les fleurs volumineuses

des *Gladiolus* 'Flevo Laguna' ❷ contrastent avantageusement. *Eucomis autumnalis* subsp. *Autumnalis* (lys ananas) planté en couronne ajoute une touche d'exotisme et résiste au gel. Les bulbes produiront des fleurs plus grandes et plus abondantes chaque année. Leurs feuillages sont tous séduisants dans cette composition (bien que moins exubérants) après la floraison.

❸ & ❹ À mon avis, de nombreux cultivars de lys plus courts, sélectionnés principalement pour la culture en pot, sont des plantes anormalement corpulentes et sans charme qu'il vaut mieux éviter. Parmi les exceptions figure 'Sweet Surrender'. Avec une hauteur de 80 à 100 cm, c'est la hauteur optimale pour obtenir la grâce sans nécessiter de support. Les fanfreluches naturalistes de *Campanula rotundifolia* (campanule commune), *Stipa tenuissima*, *Sisyrinchium* 'Biscutella' nains et *Carex comans* 'Frosted Curls' les ancrent visuellement et continuent d'attirer l'attention longtemps après la disparition des lys.

❺ À condition qu'ils ne souffrent pas du manque d'eau pendant leur croissance ou qu'ils ne soient pas gorgés d'eau à un moment donné, les lys se développent dans un pot suffisamment grand pendant des années. La plupart d'entre eux grandissent rapidement et il est préférable de les séparer et de les replanter tous les trois ans environ. Ne vous limitez pas aux variétés les plus courtes. Ici, l'élégant et grand cultivar bonnet turc *Lilium* 'Claude Shride' (Martagon) s'élance depuis une base de feuillage bleu d'Hosta (groupe Tardiana) 'Halcyon'.

PAGES 54 & 55 Le spectacle des plantes à fruits et de celles à feuilles savoureuses ou à fleurs comestibles parmi les plantes purement ornementales célèbre l'abondance de l'été.

BORD DE MER

Vous pouvez créer une ambiance évocatrice ou susciter un sentiment particulier en utilisant seulement quelques pots correctement garnis et des accessoires. Soyez aussi subtil ou aussi direct que vous le souhaitez: là réside tout le plaisir. Un thème de bord de mer est facile à réaliser. Rassemblez ce que vous pensez être utile d'une escapade créative à la plage, ou assemblez des accessoires comme du bois flotté, des fossiles ou de la corde usée par le temps. Il n'est pas nécessaire de choisir uniquement des plantes adaptées aux zones côtières (sauf si vous vivez en bord de mer!), elles ont juste besoin de paraître maritimes. Les herbes touffues, les plantes vivaces qui forment des monticules et les plantes aux fleurs vaporeuses, aux feuilles bleu gris ou aux formes architecturales (comme les palmiers) sont toutes suffisamment suggestives.

1 Composé principalement d'une série de monticules de feuillage, ce « paysage en pot » façon littoral reste agréable tout au long de l'année grâce aux plantes persistantes, aux herbes et à la sobriété d'objets maritimes. Des fleurs pâles se balancent sur un feuillage doux, sur des plantes aériennes et ondulantes comme la gaura, tandis que des pins, des agapanthes et des fétuques colonisent une base de galets. La disposition en « pointillés » des pots rappelle la façon dont de nombreuses plantes côtières poussent relativement isolées les unes des autres.

2 Grâce au ciel bleu clair qui se reflète dans leur floraison en plein été, les agapanthes (sur la photo, 'Lavender Haze') nous rappellent les climats chauds et la mer. Elles se plaisent dans des pots et se régalent d'un compost perméable. Elles fleurissent mieux lorsqu'elles se trouvent dans des espaces restreints et qu'elles sont nourries en période de croissance, tous les quinze jours avec un engrais à forte teneur en potassium. Les espèces à feuilles caduques sont plus résistantes que les espèces à feuilles persistantes.

3 *Isotoma axillaris*, une vivace tendre, qu'il vaut mieux traiter comme une annuelle, est une bonne plante de pot. Les tiges filiformes portent une profusion de fleurs bleu argenté en forme d'étoiles de mer tout l'été. Des formes à fleurs blanches et roses existent également.

4 De ce bac à effet ardoise convaincant s'écoule une vague énergétique de plantes appréciant le soleil. *Euphorbia myrsinites* gris-bleu s'élèvent horizontalement comme en porte-à-faux, lestées par des grappes de bractées vert citron. *E. hypericifolia* 'Diamond Frost' blanche déferle comme une vague mouchetée, tandis que les bractées d'Origanum 'Kent Beauty' de couleur rose, pareils à des coquillages font écho aux feuilles d'*Hylotelephium sieboldii*. Le feuillage zinc de *Sedum* 'Lemon Ball' offre un spectacle aux couleurs autrement plus discrètes.

5 *Hylotelephium* 'Thundercloud' aux feuilles glauques charnues s'échappe d'une jardinière gabion remplie de galets.

6 Très peu de fuschias parviennent à me séduire, mais je ne pourrais pas me passer de *F. microphylla* subsp. *hemsleyana* 'Silver Lining'. Heureux sur la côte, superbe en pots couvre-sol efficace, feuilles argentées, petites fleurs écarlates, baies noir pourpre : que demander de plus à une petite plante ?

UNE TOUCHE D'EXOTISME

En été, de nombreuses plantes annuelles comme le nicotiana, l'amarante et le ricin, d'apparence exotique et faciles à cultiver, apportent une touche tropicale. Nul besoin d'abuser de palmiers pour obtenir un effet luxuriant bien qu'il en existe plusieurs, dont le trachycarpus, le chamaerops, le washingtonia, le jubaea et les cordylines, qui s'épanouissent parfaitement en pots et sont assez rustiques pour passer l'hiver dehors. Ils nécessitent de la toile et du polyéthylène bulle uniquement dans les régions les plus froides et sous des conditions climatiques très difficiles. Par expérience, *Phoenix canariensis* (palmier dattier des Canaries) est à éviter: il est trop large, trop rapide et trop anguleux. Votre investissement dans les plantes « tropicales » dépend de votre intérêt. En ce qui me concerne, il est très faible. Pour ce qui est des autres plantes, de belles grandes feuilles, une croissance rapide et régulière et des fleurs aux couleurs magnifiques sont autant de caractéristiques souhaitables pour un parfait rendu. Selon vos goûts, vous pouvez tempérer votre composition en ajoutant des matières plus douces et contrastées, comme des herbes et des plantes aux feuilles minuscules.

❶ Le très glamour *Eucomis comosa* est étonnamment robuste et facile à cultiver. En hiver, déplacez les pots dans un abri ou un garage afin de conserver les bulbes au sec.

❷ *Musa acuminata* 'Dwarf Cavendish', un cultivar de bananier nain idéal pour les pots.

❸ Des tubercules dormants aux colonnes d'imposantes feuilles à rayures qui se forment en quelques semaines, *Canna* 'Phasion' ajoute une dimension théâtrale à toute composition.

❹ Ce quatuor qui attire l'attention se concentre sur les grandes feuilles et les nuances intenses et saturées. Comme de nombreuses plantations axées sur le thème de l'exotisme, il est très impressionnant et nécessite un pot de 60 cm et plus, profond et large. La rhizomateuse *Canna* 'Phasion' forme un brasier pouvant atteindre 1,50 m ou plus. Reflétant sa couleur, *Solenostemon scutellarioides* 'Sunset Boulevard' (coleus), de taille plus modeste se niche devant *Dahlia* 'Karma Choc' aux couleurs intenses.

1

2

3

Eucomis bicolour (lys ananas) présente des feuilles en forme de lanières et des fleurs touffues sur des tiges robustes.

5 Tous les pots n'ont pas besoin de paraître conventionnels. Mieux décrite comme une explosion semi-contrôlée, cette plantation farfelue relève d'un plaisir botanique un peu frivole. En son centre, le beau cousin du bananier *Musa acuminata* 'Dwarf Cavendish' forme une sculpture animée au développement lent. 'Buggy', un glaïeul nain, séduit par sa flamboyance éphémère. Ses « yeux » jaune pâle reflètent le feuillage sculpté d'*Ipomoea batatas* 'Bright Ideas Lime' (vigne de patate douce), tandis que *Cuphea hyssopifolia* (étoile du Mexique) à fleurs roses, peu élevées, mais touffues, contraste. Taillez les glaïeuls après la floraison et laissez le bananier prendre le dessus.

SAVOUREUX ET ESTHÉTIQUES

La possibilité de cultiver des aliments frais, savoureux et non pollués chimiquement obsède de nombreux jardiniers. Qu'il s'agisse d'un repas complet ou juste de quelques feuilles, c'est toujours un plaisir de voir des produits de notre propre production dans notre assiette. Une vaste gamme d'aliments peut être cultivée dans des pots, littéralement sur le pas de votre porte. C'est la merveilleuse combinaison de la saveur et de l'esthétique qui me pousse à consacrer autant de mes pots d'été à mes futures récoltes.

❶ Ce tiroir en bois a été acheté à peu de frais dans un magasin de bric-à-brac en liquidation. Il ne demandait qu'à être garni de plantes. Les bacs de ces dimensions sont idéaux pour les cultures à développement rapide, mais compactes, comme la laitue, la roquette, la moutarde, la betterave à feuilles, les légumes verts orientaux et autres jeunes feuilles très nutritives. Sa surface est large, mais peu profonde. Recouvrez de polyéthylène et percez de nombreux trous dans la base pour le drainage, afin de prolonger la durée de vie du bois. Remplissez avec un compost sans terre de bonne qualité et semez directement les graines. Au printemps et en été, la germination ne prend que quelques jours. Une fois la récolte terminée, videz le bac et recommencez.

❷ Même tiroir, contenus différents. Les vertus de la capucine (*Tropaeolum majus*) sont nombreuses et elle figure parmi les plantes les plus faciles à faire pousser, notamment dans des pots de compost pauvre et peu profonds (un enfant peut le faire). Vous pouvez faire mariner les graines, mélanger les fleurs dans une salade et mâcher les feuilles crues, au goût de moutarde ; leurs parties comestibles peuvent également être mélangées à des piments dans une sauce épicée. Les abeilles en raffolent. Il suffit de les associer à un autre calendula (souci ou souci anglais) annuel à pétales comestibles pour qu'ils brillent de mille feux, même par temps couvert.

❸ En pots, les tomates en buisson, à port retombant ou déterminé offrent une récolte conséquente. 'Tumbling Tom Yellow' produit une quantité de petites tomates cerises jaunes très décoratives.

❹ Toutes les plantes ne sont pas comestibles, mais rien ne vous empêche d'ajouter des plantes uniquement pour leur côté esthétique. Les plantes présentées ici vont durer tout l'été. À l'exception des tournesols (*Helianthus annuus* 'Little Leo') : il suffit de les semer à intervalles réguliers pour obtenir une succession de fleurs permanentes. La fraîcheur et la vitalité de l'ensemble proviennent à la fois de plantes en pleine forme – un jaunissement du feuillage et une croissance lente nuisent toujours– et du mélange de couleurs éclatantes avec des verts plus tranquilles. La variété des formes et des textures ainsi que le rehaussement de plantes phares, telles que les tomates au port retombant ('Tumbling Tom Red') et les aubergines à fruits violets ('Baby Rosanna') afin que leurs pots soient visibles, animent la scène. Recyclées, les boîtes d'huile d'olive résistent depuis plusieurs années et constituent mon premier choix pour les piments, les tomates et les aubergines.

5 Les boîtes de conserve sont utiles pour faire pousser les semis et les plantes, mais percez leur fond de nombreux trous avant de les remplir de compost et de les semer. Le basilic est une herbe très utile que j'aime avoir sous la main le plus longtemps possible dans l'année. Il est facile à cultiver à partir de graines, mais évitez de l'associer à d'autres plantes, car il ne supporte pas d'être trop mouillé ou à l'étroit. Semez-le directement dans une boîte plus grande et il vivra sa vie d'herbe aromatique sans avoir besoin d'être repiqué.

6 Des fleurs de petits pois (du comestible *Pisum sativum*) sont de véritables joyaux. Ne les confondez pas avec les pois de senteur (*Lathyrus odoratus*) qui sont toxiques.

7 En plus de porter de délicieux fruits, les courgettes offrent un véritable spectacle grâce à leurs belles feuilles marbrées et à leurs grandes fleurs jaune d'or. Ajoutez des capucines dont l'ombre est bénéfique à leurs racines assoiffées. Tant qu'elles ne manquent pas d'humidité, les courgettes poussent bien dans de grands bacs. Pour une plus forte valeur ornementale, choisissez une variété à fruits jaunes. Les fleurs comestibles peuvent être frites, farcies ou mangées en salades.

8 Même durant le développement de ses plantes, cette grande caisse en bois, autrefois utilisée pour le transport de dalles de pavage, pourrait être déplacée sur un transpalette, ce qui lui confère la qualité de jardinières tout en ayant les dimensions d'une plate-bande surélevée. Des caisses similaires peuvent se trouver bon marché ou gratuitement. Lorsqu'elles sont tapissées de polyéthylène ou d'une bâche pour bassin et remplies d'un mélange de terre de jardin et de compost, elles offrent des possibilités intéressantes pour une belle collection de plantes de grande taille. Leur aspect rustique et leur capacité conviennent particulièrement aux plantes potagères à croissance rapide : ici des courgettes jaunes, des haricots nains, des capucines et des pois.

⑨ Rassemblée dans ce large bac en terre cuite sous forme de jeunes plantes au milieu du printemps, cette collection d'herbes soigneusement choisies cohabite harmonieusement tout l'été. Séparez les plantes à la fin de l'été, car elles se trouvent alors trop à l'étroit. Hysope bleue et rose (*Hyssopus officinalis* et *H. o.* 'Roseus'), aneth (*Anethum graveolens*) et estragon de Russie (*Artemisia dracunculus var. inodora*) se dressent tous avec élégance. La pimprenelle (*Sanguisorba minor*), la ciboulette (*Allium schoenoprasum*), la menthe-fraise (*Mentha x piperita* 'Strawberry') et les lavandes naines françaises (*Lavandula stoechas* Javelin Series) se développent en buisson.

⑩ De nombreuses herbes poussent rapidement et il est préférable de les séparer les unes des autres pour faciliter leur entretien. La menthe est un classique. Plantez-la dans un pot mixte, une bordure ou un parterre surélevé et elle se répand. Une méthode intéressante pour conserver les herbes ensemble, mais séparés consiste à les mettre en pot individuellement puis à les placer côte à côte dans un bac beaucoup plus grand, partiellement rempli de compost drainant. Ensuite, lorsque les pots atteignent leurs limites, envahis par la végétation ou sur le point de disparaître, vous pouvez les sortir et les remplacer par d'autres en attente. Une vieille bassine en fer-blanc est parfaitement adaptée à cet usage et abrite ma collection de thyms, plantés dans différents pots en terre cuite, disposés à différentes hauteurs pour souligner chacun d'entre eux. Ce principe fonctionne pour toutes les herbes : rapprochez-les du nez et des yeux, d'une manière ordonnée qui facilite leur entretien.

⑨

⑩

AJOUTEZ DE L'EAU

Sous sa forme originale, l'eau confère au jardin une dimension supplémentaire intéressante. En utilisant un récipient, vous pouvez aisément bénéficier des qualités vitales de l'eau, ainsi que d'une partie de la faune fascinante qu'elle attire et favorise, là où il n'y a pas de place pour un étang proprement dit. Vous pouvez utiliser un simple récipient en acier peu profond et réfléchissant, un bassin ou une fontaine plus élaborés. À mon avis, les aménagements aquatiques se révèlent généralement mieux parmi les feuilles qu'au milieu de plantes excessivement fleuries.

❶ Une cuve galvanisée d'époque convient parfaitement à un aménagement aquatique. Les nénuphars pygmées vivent heureux dans un étang de cette taille, mais il leur faut du temps pour se développer. L'option la plus facile et la plus efficace, bien que souvent peu résistante au gel, consiste à faire flotter des plantes telles que *Pistia stratiotes* (laitue d'eau) vert vif à texture mousseuse et *Salvinia natans*, une fougère aquatique, qui procurent de l'ombre en été et réduisent ainsi la croissance des algues et l'eau verte. *Juncus effusis* f. *spiralis* (jonc spiralé) se trouve à son aise dans les eaux peu profondes et offre un contraste saisissant avec les plantes aquatiques flottantes.

❷ Un pot « marécage » permet de satisfaire ceux qui aiment les plantes luxuriantes et humides, mais jardinent sur un sol sec. J'ai rencontré ce problème tout au long de ma vie de jardinier. Ici, j'ai recouvert un pot en terre cuite de polyéthylène et j'ai restreint le trou de drainage avec une petite pierre, avant de le remplir avec un mélange 50/50 de terreau et de compost sans terre. Une fois planté, il ne nécessite que très peu d'attention, si ce n'est l'arrosage. Il existe de très nombreuses et excellentes amatrices d'humidité ; certaines sont parfois trop grandes pour un pot moyen – et cette sélection est donc nécessairement modeste. Si on leur permet de se mélanger, *Hosta* 'Patriot', *Astilbe* 'Bronce Elegans' (*hybride simplicifolia*) duveteux, *Imperata cylindrica* 'Rubra' et les majestueuses zantedeschias fleurissent pendant de nombreux mois offrant un beau feuillage. Durant l'hiver, gardez ces plantes plus au sec.

③ Même une petite étendue d'eau peut attirer les libellules, mais généralement seulement de façon passagère, car elles chassent des insectes. Ce sont des créatures fascinantes, exquises dans leurs détails, et j'en frissonne de plaisir chaque fois qu'elles se reposent en ma présence. Cette femelle Dard commun s'était attardée un moment.

④ Cette fontaine, petite, mais amusante, se compose d'un grand récipient galvanisé, d'une petite pompe submersible dans le fond et de bouteilles colorées. Passez le fil de la pompe à travers un trou de drainage et fixez-le avec du silicone. Posez les bouteilles sur un grillage galvanisé très résistant, lui-même appuyé sur un seau en plastique sans fond, retourné. Un tuyau de la pompe est passé par un trou dans la bouteille centrale, percée avec soin à l'aide d'une mèche pour carrelage. Rechargez régulièrement lorsque vous utilisez la pompe. Abandonnez les bouteilles pour obtenir un dispositif autonome d'approvisionnement en eau moins compliqué.

CAISSES DE COULEUR & TEXTURE

Les caisses en bois sont belles et empreintes de nostalgie. Elles ont une forme et une taille que l'on retrouve dans peu de supports, et pourtant, je trouve qu'elles constituent justement pour ces raisons des bacs parfaits. Les miennes sont précieuses, alors pour prolonger leur durée de vie en tant que jardinières, je les vide et les mets à l'abri en hiver. Le fait de peindre l'intérieur avec un produit de préservation du bois, de le recouvrir de polyéthylène et de le soulever pour faciliter le drainage permet également de les conserver le plus longtemps possible. La plupart des miennes ont été réellement déjà utilisées, mais comme les plus anciennes se désintègrent inévitablement, je les remplace par des répliques facilement disponibles qui se patine de manière convaincante en une seule saison.

2

1

3

❶ Cette caisse de plantes vivaces aimant le soleil présente un intérêt en toute saison. Au début de l'été, les fleurs roses de *Geranium sanguineum var. striatum* 'Splendens' s'ouvrent en succession rapide, tandis que *Hylotelephium telephium* (groupe Atropurpureum) 'Purple Emperor' et *H.* 'Carl' se dressent et bourgeonnent. Au centre, *Salvia x superba* déploie des épis bleus qui sont ensuite coupés pour permettre aux hylotelephiums de régner.

❷ Les bourgeons rapprochés de *Hylotelephium* 'Carl' s'ouvrent pour former une multitude estivale de myriades d'étoiles roses dont les abeilles et les papillons se délectent.

❸ Bien que ses fleurs deviennent moins abondantes, le beau géranium à feuilles persistantes continue de se répandre dans les hylotephiums jusqu'à l'automne, créant un mélange de textures captivant. Au fil de la saison, les fleurs d'hylotelephium rougissent, puis rouillent pour disparaître dignement au cours de l'automne. Laissez-les intacts pour la saison hivernale, saupoudrés de givre ou de neige ils constituent un véritable enchantement.

❹ Cette caisse « réplique », située en plein soleil, abrite des étages de *Capsicum annuum* 'Chenzo' (piment) entremêlés, transpercés par des *Bessera elegans* (gouttes de corail) d'une élégance suprême, semblables à des lampes. *Origanum vulgare* 'Country Cream' (un oregan bigarré), *Lysimachia congestiflora* 'Midnight Sun' et *Thymus* 'Hartington Silver' offrent un drapé de feuillages contrastants, plein de couleurs et de textures variées, que l'on a envie de toucher et qu'on peut même manger en partie. Et j'adore les ombres projetées par les tiges.

❺ Cette assemblée informelle de *Verbena* 'Lollipop' (une version plus courte de V. bonariensis plus facile à mettre en pot) vénérant le soleil, de calibrachoa à fleurs roses et de tomates cerises rouges, 'Tumbler', est liée par une mousse d'*Isotoma axillaris* à fleurs étoilées et crée un spectacle durable. Une grande caisse en bois leur offre suffisamment d'espace pour leur croissance afin que chacune des plantes puisse atteindre son plein potentiel.

PROFUSION ESTIVALE

Au jardin, la mi-été est une période très excitante. L'activité est si intense que nos sens sont mis à rude épreuve, mais pour notre plus grand bonheur. Tous les pots disponibles sont cultivés et, après une poussée de croissance, favorisée par la chaleur, l'arrosage et un soupçon d'engrais, ils sont sur le point d'éclater. Un risque de surcharge florale est possible, dû à ce que l'on appelle communément les plantes à massifs et les plantes de terrasse. Je crois qu'il faut absolument tenter de l'éviter. Mieux vaut moins que trop. Assurez-vous d'avoir suffisamment de feuillages contrastés et reposants, à la fois colorés, plus discrets et neutres. Réduisez le nombre de vos plantations en choisissant un thème, en réalisant un objectif ou en reproduisant une scène qui vous a inspiré.

1 Pour moi, l'été est une période où plus on a de pots, mieux c'est. Cela ne signifie pas pour autant une légion de petits pots qui dessèchent dès que l'on tourne le dos, mais plutôt des pots de 30 cm de diamètre minimum, dont beaucoup sont même beaucoup plus grands. Le fait de disposer d'une gamme de plantes en pots individuels permet de modifier la présentation et l'aspect de l'arrangement au fil de la saison. Regroupées, elles créent un microclimat protecteur, les plus grandes servant à abriter les plus petites. Dans ce jardin, sur le site bétonné d'une ancienne cour d'écurie, il n'y avait pas la plus petite parcelle de terre. Je n'avais que deux options : forer et creuser pendant des semaines, remplir les bennes et importer de la terre végétale, ou cultiver en pot. Le choix fut vite fait ! Peinte dans une teinte neutre et adoucie par des plantes en pot qui s'élèvent vers elle, la serre fait partie intégrante de la scène.

2 L'heuchère, l'argyranthème, le pélargonium, le phormium et le solénostème (coléus) en pots individuels créent ici une tapisserie de fleurs et de feuillage facile à modifier et à agrandir ou à réduire.

3 Situé dans un paysage discret de vert menthe et de textures douces, il s'agit d'une plantation de forts contrastes sombres et clairs, très doucement réchauffée par la terre cuite et les environs neutres Si elle était placée avec d'autres bacs plus colorés, son impact serait tellement amoindri que ce serait du gâchis. Il reste encore beaucoup de plantes à faire pousser ici. Les tendres vivaces *Petunia* Designer Cappuccino et *P.* Happy Magic Charcoal Black sont renforcés par *Hebe* 'Lady Ann' à feuilles persistantes et par le feuillage pourpre noir d'*Ipomoea batatas* 'Sidekick Black Heart'.

4 Une palette épurée de blanc, bleu acier et or champagne donne à ce trio de pots un air sophistiqué, tandis que les différentes hauteurs et styles de récipients confèrent de la légèreté. Derrière, une forme blanche de Lycianthes (anciennement Solanum) *rantonettii* pousse sous *Euphorbia hypericifolia* 'Diamond Frost'. Au premier plan, *Abelia x grandiflora* 'Hopleys' semi-persistante coule d'un seau haut et fin et *Festuca glauca* 'Intense Blue' (fétuque bleue) est assortie à son pot à motifs.

5 Dans les zones le plus souvent ombragées, les fougères et les bégonias apparaissent. La juxtaposition de bégonias lumineux et florifères et de la fougère rose cuivré (*Dryopteris erythrosora*), un grand favori, sur les belles lames sombres de Phormium 'Chocomint' est visuellement stimulante. Les phormiums (lin de Nouvelle-Zélande) supportent étonnamment bien l'ombre et peuvent être divisés au printemps s'ils grossissent trop.

6 Souvent, il est plus efficace de planter une seule variété dans des bacs. Cette stratégie à faible risque permet de regrouper et de réarranger les pots afin de créer des associations qui pourraient ne pas fonctionner dans la pratique si ces plantes étaient cultivées ensemble dans un même pot. La sélection des variétés vous encourage également à les apprécier de plus près. Les pétunias sont souvent rejetés par les snobs de l'horticulture, mais de nombreuses introductions récentes, telles que P. Happy Magic Dark Caramel Star (photo), sont joliment grisées et se marient plaisamment à la terre cuite vieillie.

7 Le feuillage gris-bleu d'*Eucalyptus gunnii* persistante et les feuilles bordeaux argentées en forme de cœur de *Persicaria microcephala* 'Red Dragon' (renouée) mettent parfaitement en valeur *Petunia Phantom*. Les fleurs jaunes et presque noires rayées de ce dernier peuvent être difficiles à associer, mais il apporte ici une sensation de plaisir et est adouci par ses partenaires.

8 Les cannes de bambou sont idéales pour introduire de la hauteur parmi les collections standard de pots et conviennent particulièrement aux plantes grasses qui méritent d'être surélevées pour mettre en valeur leur élégance sculpturale. Ces plantes à feuilles charnues sont un cadeau pour les jardiniers amateurs qui ont peu de temps pour arroser (ou oublient d'arroser). Cependant, même ces plantes extrêmement résistantes à la sécheresse finissent par avoir soif et ont besoin d'eau de temps en temps. *Echeveria* 'Perle von Nürnberg', *Sedum* 'Lemon Ball', *Sempervivum calcareum* et *E. runyonii* 'Topsy Turvy' (ses feuilles cireuses et gris argenté sont enroulées vers le bas sur toute leur longueur, puis enroulées vers le haut à leur extrémité) se plaisent ici.

9 L'ensemble peut paraître très désordonné – et dans une certaine mesure, c'est parce qu'aucun grand effort n'a été fait pour mettre de l'ordre –, mais la gamme de couleurs, de textures et de formes et, surtout, leur libre répétition offre au regard une exploration passionnante. Des monticules verts apaisants tempèrent les éclats de couleurs vives, tandis que des fleurs et des feuillages plus délicats créent une certaine cohérence. L'œil se régale de tout ce qui est festif. C'est une scène désordonnée, mais équilibrée qui suscite mon intérêt, même si je la vois tous les jours. J'ai toujours quelque chose à faire dans cette composition et les quelques moments passés à la réorganiser et à la retoucher constituent un début ou une fin de journée à effet thérapeutique.

6

7

8

9

VIVACES ESTIVALES

Les plantes vivaces qui fleurissent continuellement ou de manière répétée pendant de nombreux mois, ou qui portent en plus un feuillage coloré ou sculptural, sont généralement des candidates modèles pour les pots, même si, en raison de leur croissance énergique, elles ne passeront qu'une saison avant de devoir être séparées et plantées ou rempotées. Les graminées, les plantes vivaces arbustives et les sous-arbustes appartiennent à ce groupe. Complétez-les avec des plantes vivaces, des arbustes, des bulbes et des annuelles tendres afin d'en profiter tout au long de la saison.

❶ La structure réjouissante de cet enchevêtrement flamboyant de plantes vivaces filiformes ajoute à son charme. L'arbustif *Teucrium fruticans* 'Compactum' à feuilles argentées se faufile harmonieusement entre deux belles sauges très différentes : 'Royal Bumble' à fleurs rouges et 'Amistad' pourpre. *Glandularia* (anciennement *Verbena*) *Temari Patio* Blue reprend le mauve intense dans une union parfaite. L'argyranthème rouge au premier plan en dessous agit de même. Placez-les dans un coin ensoleillé et abrité et taillez-les judicieusement pour éviter que les plantes n'aient l'air trop négligé.

1

2

3

4

2 *Salvia* 'Amistad' compte parmi les vivaces les plus perpétuellement en fleur.

3 La verveine et le pennisetum sont mis en valeur de manière féerique à la veille d'un été ensoleillé.

4 Dans un large pot, *Persicaria amplexicaulis* 'JS Delgado Macho' pousse d'autres plantes vivaces à longue floraison pour créer une joyeuse bousculade.

5 Si la zone est ensoleillée, les hautes herbes et les plantes vivaces aérées, comme la robuste *Verbena bonariensis*, peuvent s'éclairer comme par magie. Lorsque ces plantes sont rétro-éclairées ou, plus doucement éclairées latéralement, l'effet devient spectaculaire. En été, c'est au lever et au coucher du soleil, quand le soleil est plus bas, que le spectacle est le plus féerique. Vous pouvez déplacer les pots et les relever jusqu'à ce que vous ayez trouvé la luminosité optimale. Les pennisetums (ici *P. macrourum*, et *P. setaceum* 'Sky Rocket') sont particulièrement adaptés, leurs épis soyeux se tenant fièrement pour capter la lumière. Coupez régulièrement *Eucalyptus gunnii* afin de le contenir. Je massacre le mien toutes les fins novembre pour faire ma couronne de porte de Noël, et je taille les deux au printemps. Deux grandes *Carex* 'Milk Chocolate', scindées en plusieurs parties, forment un collier de bronze.

6 Je n'ai pas honte de présenter encore une autre sauge ('Wendy's Wish') ou d'autres herbes aux écouvillons (*Pennisetum setaceum* 'Fireworks'), qui sont toutes deux des plantes adaptées aux pots. Ce mélange de rose et de bordeaux est également composé de quelques renouées fiables : la grande *Persicaria amplexicaulis* et la plus petite P. a. 'JS Delgado Macho'. En dessous se trouve le petit *Fuchsia microphylla* subsp. *hemsleyana* 'Silver Lining'. Ils réclameront tous leur libération d'ici la fin de la saison, mais après des mois de loyaux services. Laissez-les mourir naturellement, en leur assurant une structure hivernale squelettique, puis séparez-les et replantez-les au début du printemps. Traitez le pennisetum comme une annuelle, divisez le persicaria et taillez bien la sauge.

7 Entremêlés dans un grand pot, *Persicaria amplexicaulis*, *Pennisetum setaceum* 'Fireworks' (herbe aux écouvillons) et *Scabiosa atropurpurea* 'Blackberry Scoop' forment une alliance somptueuse et durable.

DES MARGUERITES ÉBLOUISSANTES

Les marguerites (*Asteraceae/Compositae*) sont l'une des plus grandes familles de plantes de la planète. Vous pourriez remplir tout un jardin avec ces fleurs sans vous lasser. Beaucoup d'entre elles, dont un certain nombre de tendres vivaces principalement originaires d'Afrique, sont idéales pour les pots, en raison de leur période de floraison prolongée et de leur aspect arbustif. Les horticulteurs travaillent sans relâche sur ces plantes, élargissent la gamme de couleurs et améliorent leurs performances. Les fleurs simples sont préférables aux doubles, car elles conviennent mieux aux pollinisateurs.

1

❶ *Rudbeckia fulgida* 'Little Goldstar', parée d'une multitude de fleurs jaune vif au centre conique est une vivace amatrice de soleil qui se marie ici avec *Helichrysum petiolare* 'Limelight', une plante rampante mi-rustique au feuillage citron pâle. La jardinière sombre effet plomb accentue les feuilles et, posé sur un support de vieille machine à coudre, magnifie l'impact de cette simple disposition. Au premier plan, *Phormium cookianum subsp. hookeri* 'Cream Delight' vient équilibrer la fontaine de *Phalaris arundinacea var. picta* 'Feesey' blanc crème. Les osteospermums citron reprennent le thème.

❷ *Erigeron karvinskianus*, couvre-sol vivace qui s'auto-ensemence, fleurit du printemps à l'automne et s'épanouit davantage dans un grand pot.

❸ Très prisée pour ses fleurs très bleues, *Felicia amelloides* (marguerite du Cap) est une agréable vivace tendre, qui prospère en plein soleil et produit constamment des marguerites à centre jaune, maintenues bien au-dessus

2

des feuilles sur des tiges filiformes. Occupez-vous-en avec délicatesse, car leurs tiges sont fragiles (il m'est souvent arrivé de rester avec la moitié de la plante en main) !

❹ Originaires d'Afrique du Sud, les variétés d'osteospermums sont de plus en plus répandues et existent dans des gammes de teintes très étendues ainsi qu'en version bicolore.

❺ Alors qu'une pluie battante donne à certaines fleurs un air piteux, d'autres, dont de nombreuses marguerites, portent leurs gouttes avec élégance. *Argyranthemum* 'Starlight Red' (Série Crazy) gagne en intensité après une douche et scintille lors de ces occasions incroyables où le soleil chasse rapidement la pluie.

❻ L'exposition de plusieurs plantes de même type ou de même forme florale simultanément peut se révéler très réussie sur le plan visuel. Vous comprendrez ainsi l'étonnante variété au sein d'un même genre ou d'une même famille. Je pense que cette abondance de plantes à fleurs de marguerite, dont l'argyranthème, l'osteospermum, la felicia et l'erigeron, produit une fascinante synergie. J'aime la variété des tailles, hauteurs, habitudes et nuances des fleurs, en étroite relation les unes avec les autres. Aucun thème de couleur ici ; la composition est intentionnellement chargée et évoque une boîte à bijoux. Des hampes de persicaria au loin et un pot de piments en hauteur apportent le répit nécessaire dans ce monopole de la marguerite.

DES TABLES

De nombreuses plantes intrigantes, mais minuscules ne peuvent être pleinement appréciées que mises en valeur et en hauteur dans des pots. Mon propre jardin présente des collections souvent réaménagées et en constante expansion, rehaussées sur diverses plates-formes de fortune (voir Placez-les en hauteur, page 31). Leur taille les rend faciles à disposer et à entretenir, et elles suscitent toujours des commentaires favorables (voir Petites plantes, page 124). En rehaussant un groupe de petites plantes de formes, de motifs de feuillage et de surfaces variées à hauteur des yeux, vous pourrez mieux les apprécier. Le plaisir se cache dans les détails.

(1) Se démarquant de la foule sur ma fidèle poubelle retournée, *Aeonium* 'Velour' constitue un centre de table simple, mais percutant. À cette hauteur, sa forme architecturale apparaît mieux qu'à même le sol. Il trône dans un paysage de textures douces qui soulignent sa densité.

❷ Cet arrangement de couleurs calmes, mais de formes et de textures animées, contraste avec *Sarracenia leucophylla et S. x moorei, luxuriantes, hallucinantes et insectivores, et avec les plantes grasses Echeveria lilacina* et *Sempervivum calcareum*, aux formes angulaires. Les plantes grasses nécessitent peu d'eau, tandis que les insectes amateurs d'humidité se logent dans des soucoupes régulièrement remplies grâce aux bouteilles de verre à la fois utiles et décoratives. La terre cuite vieillie et les couches de feuilles de *Leptinella squalida* 'Platt's Black' et *Drosera capensis* (rossolis du Cap) complètent ce mini-paysage tactile.

❸ Afin de les maintenir bien séparées pour faciliter le rempotage, mais aussi de les exposer les unes à côté des autres pour un meilleur effet, ces plantes à feuilles minuscules sont mises en pot individuellement, puis regroupées dans un bol émaillé d'époque. La joyeuse légèreté naît du mélange de pots plantés et de pots vides dont certains sont empilés et d'autres penchés. Il est facile de déplacer l'ensemble du lot sans altérer le contenu et aussi de remplacer une plante si nécessaire.

❹ Il n'y a aucune raison de ne pas exposer les plantes et les objets à l'extérieur de la même manière que dans votre salon, surtout lorsqu'ils sont proches d'une fenêtre ou d'une zone pavée. Un arrangement modeste et sobre, disposée sur une simple table, peut égayer à peu de frais un coin terne et, si vous choisissez les bonnes plantes, n'exige que très peu de soins. L'ondulation rythmique et la juxtaposition des formes et des textures ici ravissent l'œil et invitent à des caresses thérapeutiques (à l'exception du cactus, bien sûr !). *Aloe aristata, Sisyrinchium* 'E. K. Balls', *Kalanchoe delagoensis, Acaena microphylla* 'Kupferteppich' (syn. A. m. 'Copper Carpet'), *Echinocactus grusonii* (cactus oursin), *echeveria* et *Leucophyta brownii* reposent sur une dalle de marbre, soutenue par un socle de machine à coudre reconverti. Parfaitement placés, une ammonite et une horloge trouvées dans un bric-à-brac viennent magnifier l'ensemble.

POTS MURAUX

J'ai volontairement omis de ce livre les paniers suspendus simplement parce qu'ils ne correspondent pas à mes critères esthétiques. Les pots muraux, c'est une autre histoire. Ils ornent avec beaucoup de charme les surfaces verticales et ont l'avantage de se situer à hauteur des yeux. La plupart ne sont pas grands et conviennent par conséquent mieux aux plantes à petites racines, telles que les plantes grasses et les plantes alpines. Autrement il convient de les replanter régulièrement.

1

❶ Les trémies et les citernes traditionnelles (bien sécurisées) permettent de réaliser des jardinières murales ludiques, en particulier celles qui présentent des couches de peinture écaillée. Ici, les couleurs révélées s'harmonisent parfaitement avec *Libertia ixioides* 'Taupo Blaze', une plante vivace persistante composée de feuilles orange, vertes et bronze disposées en éventail. Fixée sur un morceau de bois de caractère, elle apporte de la verticalité partout où cela est nécessaire. Au premier plan, *Pelargonium* 'Vancouver Centennial'.

❷ Un seul bégonia rampant fera plus que remplir un pot mural et c'est ainsi que je pense qu'ils sont les plus beaux : seuls. Dans les pots placés à même le sol, leur aspect en cascade n'est pas aussi optimisé que sur un mur, à hauteur des yeux. Leurs fleurs sont bien trop voyantes pour que j'en laisse entrer plus d'une ou deux dans mon jardin. Cela dit, elles permettent de colorer les murs ombragés et, employées avec parcimonie, tempérées par un feuillage subtil, elles deviennent précieuses.

❸ On voit de plus en plus souvent des murs « verts » ou vivants sur les bâtiments commerciaux dans les grandes villes. Bien exploités, ils peuvent se révéler très utiles. Ce mur végétal excentrique convient mieux aux environnements domestiques. Il possède la définition, la texture, le contraste et le charisme dont est dépourvu un mur entièrement végétalisé. De vieilles trémies drainantes déversent de belles feuilles de *Dianella tasmanica*, *Ophiopogon planiscapus* 'Nigrescens' et de *Hakonechloa macra*, une plante herbacée qui s'anime de façon divertissante à la moindre brise. Ces plantes sont agrémentées de *Bessera elegans* à fleurs corail et de la vaporeuse *Euphorbia hypericifolia* 'Diamond Frost'. Un cadre rouillé les entoure.

❹ *Ophiopogon planiscapus* 'Nigrescens' à feuilles d'érable porte souvent des baies noir de jais, ici mises en valeur par les longues feuilles vertes et fraîches d'*Hakonechloa macra*. Planté en bulbes secs au printemps, *Bessera elegans* éclot au milieu de l'herbe et entame sa longue floraison rouge orangé au milieu de l'été.

❺ Mon ancien hangar ombragé disgracieux s'est rapidement transformé en un véritable plaisir pour les yeux, grâce à un positionnement minutieux des pots et à la rusticité des vieux outils. Dans les endroits frais et sombres, les fougères se trouvent à leur apogée et, à condition de recevoir suffisamment d'eau, elles prospèrent en pot. L'osier n'est pas le matériau le plus résistant, mais il durera quelques années. Planté de fougères, il est visuellement agréable et, accrochées à la remise, ces jardinières coniques présentent les frondes des fougères de façon presque parfaite.

2

3

4

5

GRIMPANTES À CROISSANCE RAPIDE

Traitées comme des annuelles, de nombreuses plantes grimpantes tendres et à croissance rapide sont peu coûteuses et prennent rapidement de la hauteur, offrant ainsi un beau spectacle. Elles sont particulièrement utiles dans les nouveaux jardins et aussi dans les petites parcelles, car elles occupent très peu d'espace au sol. La plupart d'entre elles se prêtent parfaitement à la culture en pot et fleurissent jusque tard dans l'année.

1 Deux plantes, *Ipomoea purpurea* 'Grandpa Otts' et *Thunbergia* 'Orange Wonder', grimpent sur un arc de branches de tilleuls et constituent la pièce maîtresse de cette « île » conçue pour être admirée sous tous les angles. L'ipomée présente chaque jour un nouveau lot de fleurs en trompette, mais, comme son nom commun « gloire du matin » l'indique, elle se fatigue à midi. Pour l'observer, il suffit de se lever tôt. En fin de saison, le thunbergia domine alors que l'ipomée s'épuise et se concentre sur la production de semences pour l'année suivante. Les autres pots contiennent des pois de senteur (*Lathyrus odoratus* 'Matucana'), des *Rudbeckia Summerina* à fleurs de marguerite et *Euonymus fortunei* 'Kewensis'.

❷ En règle générale, les plantes grimpantes « annuelles » se développent dans la deuxième moitié de l'été. Jusqu'à la fin du mois de septembre, *Ipomoea lobata* et *Thunbergia* 'Orange Wonder' – un couple très apprécié – ont fleuri de plus en plus abondamment, une performance remarquable dans un pot de 45 cm de côté et de 60 cm de haut, arrosées abondamment tous les deux jours et alimentées en engrais liquide tous les quinze jours. Planté dans une auge, ce duo forme un impressionnant paravent éphémère. Derrière, *Ipomoea tricolor* 'Heavenly Blue' à fleurs en trompette se faufile dans un chèvrefeuille (lonicera) grimpant.

❸ *Rhodochiton atrosanguineum* (chapeau chinois) est une plante vivace tendre qui préfère des conditions légèrement plus fraîches et plus ombragées. Elle devrait idéalement être cultivée sur des cerceaux ou à l'horizontale pour permettre à ses « chapeaux » de se balancer et de danser librement.

❹ *Ipomoea lobata* (plumes d'Indien) est facile à cultiver à partir de graines et est surprenante lorsqu'elle est bien illuminée.

❺ Mon sol n'est pas adapté aux pois de senteur (*Lathyrus odoratus*) et ils ne font pas partie des plantes les plus faciles à conserver dans des pots. Toutefois, leur parfum est un ingrédient estival si essentiel que la culture d'un pois en pot, légèrement moins idéale, est infiniment préférable à l'absence totale de pois de senteur.

❻ Cardinal climber (*Ipomoea x multifida*) est délicat dans sa structure, mais intense en couleur et habile à se faufiler parmi les arbustes et les hautes plantes vivaces.

❼ Toutes les grimpantes ne cherchent pas à grimper absolument. Beaucoup, notamment les thunbergias (ici *T.* 'Arizona Glow') se contentent de ramper ou même de couvrir le sol. Il s'agit d'une plante isolée dans un pot de 25 cm de diamètre, placée dans un tuyau de cheminée. Un apport nutritif tous les quinze jours et un arrosage régulier et complet l'ont maintenue en excellente condition pendant cinq mois. Le contraste de forme est assuré par *Phormium cookianum* subsp. *hookeri* 'Cream Delight'.

PARFUMS D'ÉTÉ

La possibilité de tenir au plus près de vous les plantes à leur apogée constitue une des nombreuses joies de la culture en pot. Ainsi, vous pouvez placer des plantes aromatiques et parfumées au cœur des espaces de détente, sur les tables, le long des chemins et juste devant les portes et les fenêtres. L'astuce consiste à équilibrer les multiples parfums et à éviter une surcharge olfactive.

3

4

1

2

5

❶ *Nemesia denticulata* (syn. N. 'Confetti') qui se plaît au soleil offre un parfum sucré inépuisable, qui envahit l'air de la fin du printemps jusqu'aux gelées. Il est particulièrement puissant par temps chaud. Les némésias existent en plusieurs couleurs, mais toutes ne sont pas parfumées ; mieux vaut les sentir avant de les acheter. *Helichrysum petiolare* 'Microphyllum', rampante aux feuilles argentées, la vivace *Trifolium repens* 'Dragon's Blood' et *Calibrachoa* 'Chameleon Pink Passion' aux fleurs de pétunia les accompagnent.

❷ Choisies pour leur parfum non persistant et non agressif, chacune des plantes qui composent cet arrangement de style maison de campagne vous invite à les sentir une à une. *Dianthus* 'Memories' à fleurs blanches est la plus parfumée ici. Arrive ensuite l'héliotrope (*Heliotropium arborescens* 'Marino Blue'), au parfum de tarte aux cerises, tandis que les lavandes (*Lavandula stoechas* 'Javelin Blue') et la sauge tricolore (*Salvia officinalis* 'Tricolor') libèrent leurs arômes respectifs au toucher. *Glandularia* (auparavant *Verbena*) Lanai® Vintage Vodka non odorante sert à harmoniser l'ensemble.

❸ Les pélargoniums à feuilles parfumées fleurissent dans des pots en terre cuite qui les met en valeur. Certains fleurissent timidement, mais tous portent de belles feuilles qui, lorsqu'on les grattouille, dégagent un arôme qui va, selon la variété, du citron à la fraise et au coca-cola en passant par le piquant légèrement noiseté de 'Shottesham Pet' (photo).

6

❹ Les jours de soleil, les nombreuses fleurs violettes de l'héliotrope sentent sans aucun doute la cerise cuite. Elles font partie de mes indispensables pour l'été. Parfois leur arôme se dégage naturellement, mais le plus souvent il faut approcher son nez pour les sentir et c'est pourquoi elles seront mieux placées en hauteur. Sur la photographie, *Heliotropium arborescens* 'Marino Blue'.

❺ Les cultivars compacts de lavande font des plantes en pot exemplaires, bien que de courte durée, à placer en plein soleil. Les lavandes françaises (cultivars de *Lavandula stoechas*) sont particulièrement attrayantes en fleurs et en feuilles, et agréablement parfumées au toucher.

❻ De tous les délicieux parfums qui contribuent à composer un été parfait, le chèvrefeuille est celui que j'emporterais sur mon île déserte. Il me rappelle avec nostalgie des jardins et des soirées d'été de mon enfance, de même que les haies de chèvrefeuilles des bois (*Lonicera periclymenum*) que j'arpentais à la recherche des papillons. Et voici donc le superbe L. p. 'Scentsation', capturé et domestiqué dans un pot idéalement placé pour capter la luminosité vespérale. Je m'y rends quasi toutes les fins de journée : le parfum est enivrant et l'expérience désintoxiquante et déstressante. *Pelargonium* groupe Fragrans, à l'odeur de pin, P.'Shottesham Pet' épicé et le thym commun (*Thymus vulgaris*) demandent tous d'être effleurés pour libérer leurs arômes respectifs et peuvent donc être appréciés sans altérer le parfum du chèvrefeuille.

AUTOMNE

BAISSE DES TEMPÉRATURES

PAGES 86 & 87 L'automne est une saison excitante, où tout change très vite. Les fleurs vont et viennent alors que les feuilles se colorent puis tombent et que les fruits mûrissent. En cette saison l'été peut également jouer les prolongations jusqu'à la chute des températures.

Au début de l'automne, la baisse des températures conjuguée à la réduction constante des heures de luminosité ralentit la croissance et le développement des fleurs; le changement se fait clairement ressentir dans l'air. De nombreuses plantes d'été continuent à fleurir pendant des semaines, mais un brusque coup de gel peut les arrêter complètement. Il est par conséquent sage de prévoir des plantations d'automne résistantes pour prendre le relais. Il peut s'agir d'une seule espèce par pot – peut-être juste un chrysanthème pompon plat, des violas ou des crocus d'automne – qui prend place parmi les survivants de l'été, ou des arrangements frais et peu compliqués qui s'adaptent aux conditions atmosphériques les plus variées de cette saison.

1 Soutenues par les feuilles curieusement ondulées de *Juncus effusus f. spiralis* (jonc spiralé), les élégantes coupes de *Crocus speciosus* 'Conqueror' s'ouvrent par temps chaud, dévoilant leurs détails complexes. Les crocus à floraison automnale semblent plus robustes que ceux du printemps, mais sont malheureusement souvent oubliés; plantés à la fin de l'été, ils fleurissent en quelques semaines. Irrésistibles pour leurs trompettes bleu intense, les gentianes (ici *Gentiana scabra* 'Rocky Diamond Blue') se perdent dans le jardin, à moins qu'on ne leur donne un peu de terre fibreuse et riche en humus sur une rocaille ou, plus facilement, qu'on les mette en pot et qu'on les place à hauteur des yeux.

2 L'utilisation d'un trio de plantes aux habitudes et textures contrastées, dans une harmonie de couleurs, représente un format de plantation facile et fiable. *Calluna vulgaris* 'Alexandra' (bruyère commune) apporte de la hauteur et un aspect duveteux, tandis que le chou ornemental volumineux se retrouve un peu dans les cyclamens à feuilles argentées et à fleurs mauves.

3 Cette vieille brique est l'un de mes plus petits pots, mais le plus souvent replanté. Elle est ici garnie de *Viola* 'Sorbet Antique Shade', qui fleurit abondamment pendant l'automne et les périodes de douceur en hiver.

4 *Saxifraga* 'Rubrifolia' (fortunei) est une plante idéale qui fleurit tard dans la saison et se sent très à son aise en pot. Par temps clair et sous une faible brise, ses fleurs d'un blanc pur et de forme arachnéenne scintillent littéralement. Niché derrière, *Dianthus barbatus* 'Dash Crimson' porte des fleurs rouge sang qui ajoutent de la profondeur et sont entremêlées aux tiges et aux feuilles couleur fer de la saxifrage. Les cyclamens à pétales à frou-frous et semi-rustique ('Super Serie Petticoat') sauront trouver leur place à l'intérieur plus tard dans la saison.

5 Un pot élégant, plus haut que large, met en valeur les verticales filiformes de *Corroya x virgata* 'Red Wonder' persistante et de la filiforme *Panicum virgatum* 'Squaw' rouge bourgogne. La tendre vivace *Isotoma axillaris* poursuit sa production de fleurs en étoile tant que les températures se maintiennent, tandis que *Pennisetum purpureum* 'Princess', un cultivar non fleuri, donne de la consistance à l'ensemble.

4

5

DOUCEUR ET LUMINOSITÉ MAGIQUE

Lorsque vous réalisez à quel point la lumière automnale est plus douce, plus naturelle et se diffuse mieux que celle de l'été, vous repérez les effets intenses qu'elle produit et pouvez choisir les meilleurs emplacements pour vos plantes. Les pots vous offrent la possibilité de les surélever, de les déplacer afin de trouver la luminosité idéale. Les fleurs délicates et les feuilles qui se colorent révèlent toute leur splendeur dans les rayons obliques du soleil. Rétroéclairées, elles ressemblent à des vitraux. Les fruits translucides apparaissent dorés et le soleil bas projette des ombres longues et spectaculaires.

1 Entourez une plante à croissance verticale de variétés plus courtes et plus souples et vous obtiendrez un bel ensemble de pots facile à reproduire, notamment en utilisant des associations de plantes vivaces et de graminées pour une composition durable. Les plantes vivaces présentées ici, qui se complètent parfaitement, sont bien assorties à leur pot et dans le fond, une porte en bois patinée par les intempéries les étaye. En septembre, *Coreopsis verticillata* 'Moonbeam' produit une multitude de fleurs jaune pâle qui brillent dans une lumière agréable. Des stries délibérées dans la glaçure du pot semblent refléter les fines feuilles d'*Uncinia rubra* 'Belinda's Find', tandis que le fond boisé vient rappeler leur couleur.

2 Bien que fugaces, les baies violettes inhabituelles de *Callicarpa bodinieri var. giraldii* 'Profusion' suscitent un vif intérêt. Elles scintillent dans la douce lumière. Leur disposition en grappes et leur couleur se reflètent dans les fleurs de *Verbena rigida* dans cette composition informelle de plantes vivaces au développement tardif, qui comprend *Heucheras* 'Shanghai'. *Hesperantha coccinea* 'Wilfred H. Bryant' rose nacré et *Tradescantia* (groupe Andersoniana) 'Iris Prichard' mauve lumineuse fleurissent à différentes hauteurs et ainsi ne se font pas d'ombre. Les espaces entre ces plantes sont la clé du succès de l'effet visuel général ; lorsqu'elles deviennent trop nombreuses, le rendu n'est plus le même et il convient alors de recommencer.

3 Lorsque le soleil les rétroéclaire, les fleurs en forme de soucoupes d'*Hesperantha coccinea* 'Oregon Sunset' se métamorphosent. En les surélevant dans un pot bien au-dessus du sol, la lumière les atteint plus facilement.

4 *Pennisetum alopecuroides* 'Cassian's Choice' compte parmi les plus belles de ces graminées vivaces de mi-hauteur très faciles et utiles. Les fleurs vaporeuses de la fin de l'été font place à des fruits soyeux qui durent tout l'hiver.

5 Ensemencée au printemps d'un mélange de jeunes herbes et de vivaces pour un aspect semi-naturaliste, cette cagette de marchandises recyclée a rapidement été envahie par une masse de feuilles et de fleurs qui ont continué à fleurir tout au long de l'automne. Optez pour des plantes vivaces aériennes ou plumeuses, comme le gaura, la persicaria et le veronicastrum, qui ne submergent pas les herbes. Cette plantation semble particulièrement magique les matins brumeux, ainsi qu'en des occasions encore plus humides, lorsque la pluie s'écoule de fleur en fleur et de feuille en feuille.

FRUITS ET BAIES

La saison des récoltes présente ses richesses dans une vaste gamme de formes, de tailles et de nuances : des pommes et des coings comestibles aux baies en grappes en passant par les haies d'églantines, portées par des plantes de toutes tailles. Dans cette catégorie, on trouve de nombreuses plantes en pot admirables, en particulier celles qui offrent également des fleurs et/ou un feuillage attrayants, comme le berbéris, le cotoneaster, l'euonymus et le vaccinium (myrtilles). Les baies constituent un ingrédient essentiel du jardin en cette saison, pour notre plaisir et celui de la faune pour qui elles représentent des réserves de nourriture hivernales. Les oiseaux ne les dévorent pas toutes : ils n'aiment pas les skimmias ou *Gaultheria procumbens* et les houx restent souvent garnis jusqu'à la fin de la nouvelle année.

1

❶ Il suffit d'une seule plante à baies mise en valeur dans un pot pour animer un espace. *Vaccinium vitis-idaea* 'Fireballs' (airelle rouge) est une éricacée robuste (utilisez du terreau acide !) à feuilles persistantes qui fleurit et fructifie librement, même à l'ombre. Produites sur des plantes compactes autofertiles, les baies rouges comestibles sont généralement cueillies assez tôt par les oiseaux, mais les regarder se gaver est un plaisir en soi.

2

❷ Disposés à des hauteurs variées et espacés de manière à faire valoir leurs mérites individuels, les myrtilles, les piments forts et le cucamelon (*Melothria scabra*) sont accompagnés de plantes ornementales pures, créant ainsi une scène automnale tout en rondeur. *Hypericum* 'Miracle Night' offre des baies presque noires (vénéneuses) et un feuillage sombre qui fait briller la gentiane rose et la bruyère, tandis que la terre cuite confère de la chaleur à la scène.

❸ Les récoltes de fruits de grande taille et décoratifs, tels que les courges et les calebasses, peuvent être utilisées pour insuffler de la couleur et de l'intérêt à un ensemble de pots. Pour obtenir un meilleur effet, regroupez-les plutôt que de les éparpiller : disposés dans une caisse en bois ou dans une belle bassine, ils attirent tous les regards.

❹ Malgré leur nom commun d'« épine-vinette », la majorité des berbéris sont cultivés pour leur feuillage ou leurs fleurs colorées plutôt que pour leurs baies, mais je pense qu'ils sont très décoratifs, voire très impressionnants. Leur forme et leur couleur varient considérablement. Ceux de l'épine-vinette japonaise (B. thunbergii), ici, sont rouge vif et tiennent longtemps après la chute des feuilles.

❺ *Hypericum x inodorum* 'Magical Pumpkin' est l'un des nombreux cultivars récemment introduits qui présentent des fruits remarquables dans des nuances relativement subtiles et possède de surcroît de riches fleurs jaunes en été.

❻ Bien que leurs fruits ne soient pas très pérennes, peu de plantes produisent des baies aussi brillantes que les pyracanthes (ici 'Orange Glow'). De croissance vigoureuse, elles forment de grands arbustes épineux et résistants, mais se révèlent efficaces à court terme dans des pots plus grands. Elles peuvent également être taillées et cultivées avec soin pour prolonger leur vie en pot.

LA MÉTAMORPHOSE DES FEUILLES

Pour la plupart d'entre nous, la seule mention de l'automne évoque des images exaltantes d'arbres à feuilles caduques habillés de nuances brillantes. Ce spectacle annuel enflammé, qui est le résultat de l'écoulement de la chlorophylle des vieilles feuilles qui se préparent à tomber, est certainement le point d'orgue de la saison. Cette splendeur ne se limite pas aux grands jardins, aux parcs et à la nature : on trouve de nombreux petits arbres, arbustes et quelques plantes vivaces en pot qui se colorent fidèlement au fur et à mesure que l'automne avance. Certains changent de couleur sur plusieurs semaines, tandis que pour d'autres la transformation et la perte des feuilles s'effectuent rapidement. Les plantes en bonne santé et placées dans des endroits abrités sont celles qui offrent le spectacle le plus long.

❶ Dans ma jeunesse, j'ai osé planter un berbéris à feuilles violettes et un autre à feuilles jaunes si près l'un de l'autre qu'ils se sont mélangés. Ce n'était pas du goût de tout le monde, mais ils attiraient les commentaires et, à l'automne, leurs feuilles changeaient de couleur et semblaient plus harmonieuses. L'idée est reprise ici, avec deux berbéris en forme de colonne (*B. thunbergii* 'Golden Rocket' et *B. t. f. atropurpurea* 'Red Rocket') qui s'élèvent parmi *Hedera helix* 'Tripod' vert foncé, dans un seau galvanisé. Vous adorez ou vous détestez !

❷ Les érables du Japon sont devenus des plantes en pot si populaires que certains les méprisent. Certes, j'en possède aujourd'hui moins qu'autrefois, mais lorsqu'une plante a tant à offrir, il faut en profiter. Tous brillent en pot, bien que les cultivars plus compacts vaillent la peine d'être recherchés, et ceux à feuilles découpées

1

2

'dissectum' avec leur port bombé et légèrement retombant arrivent en tête de ma liste. D'un vert brillant, devenu or et ambre, *Acer palmatum* groupe Dissectum joue ici un rôle central : sa forme arrondie et ses tons chauds sont repris et amplifiés par les pots annexes d'*Heucherella* 'Brass Lantern', *H.* 'Art Deco' et, *Acaena microphylla* 'Kupferteppich' dans une boîte de soupe joliment rouillée. De même, le vert des hautes herbes dans le fond et la fougère au premier plan accentuent l'éclat de l'érable.

❸ De nombreux petits arbres peuvent être appréciés en pot pendant une partie de leur vie, mais ils doivent conserver leur aspect décoratif pendant plusieurs mois au moins pour justifier l'effort. Ce n'est pas souvent le cas, mais c'est incontestablement celui des liquidambars (gomme sucrée). Ils sont incontournables pour leur beau et long spectacle automnal : attendez-vous à voir plusieurs couleurs sur un même arbre, avec des nuances lumineuses au moment de la chute des feuilles. Lorsque leurs feuilles ont été balayées depuis longtemps, leur forme pyramidale bien ramifiée fait des liquidambars un arbre idéal pour les guirlandes de lumières de Noël. Je fais pousser mes arbres dans de grands pots en plastique (avec des poignées) ce qui me permet de les déplacer plus aisément (et de les rempoter ou de les tailler plus facilement), puis je déguise le plastique avec du bois, des sections de traverses de chemin de fer, de la toile de jute ou, comme ici, des tuiles de toit et d'autres pots plantés.

LA SAISON PHARE

Même ceux qui préfèrent les tons froids et sophistiqués seront certainement séduits par les nuances intensément vibrantes de l'automne. Les couleurs de l'extrémité la plus chaude du spectre semblent briller encore davantage dans la lumière automnale toujours plus douce et leur charme s'en trouve renforcé. Les feuillages remarquables ne manquent pas, qu'il s'agisse de plantes à feuilles persistantes ou à feuilles caduques, de fleurs tardives ou de fruits qui peuvent être facilement récoltés dans des bacs installés à des endroits clés pour maintenir un accent coloré tout au long de l'automne.

❶ Ce magnifique cadeau de la rampante *Sedum* 'Lemon Ball', d'*Heuchera* 'Ginger Ale' et de *Libertia* 'Taupo Blaze' à feuilles en forme de lances dure jusqu'à ce que les premières grosses gelées endommagent les piments annuels ornementaux qui attirent l'attention (*Capsicum annuum* 'Medusa'). Si les conditions météorologiques constituent une menace, déplacez le pot dans une véranda ou un jardin d'hiver frais où vous pourrez en profiter sur toute la saison.

❷ Audacieux et simple, assuré d'attirer tous les regards, ce couple de *Carex comans* 'Frosted Curls' vert menthe et *Rudbeckia Summerina* 'Orange' à fleurs de marguerite s'épanouit du milieu de l'été jusqu'à la fin de l'automne. Bien que les fleurs de rudbeckia soient très séduisantes, je les enlève pour les prolonger ; ce n'est que tard dans la saison que je laisse quelques cônes à pétales pour la structure hivernale.

❸ Les survivants de l'été rejoignent les derniers nés de l'automne pour créer une collection de fleurs, de fruits et de feuillages effrontément vibrants, dont les riches couleurs s'intensifient sous un ciel changeant.

❶

❷

Perilla frutescens var. crispa aux feuilles violettes commence à décliner après une floraison intense tout au long de l'été, mais *Pelargonium* 'Vancouver Centennial' et *Solenostemon scutellarioides* 'Campfire' (coleus) se maintiennent bien. Des trios de chrysanthemums nains et de piments forts arrivent à leur apogée, alors que le contraste de formes provient des feuilles en forme de lanières de *Phormium* 'Chocomint' et dans le fond, d'un petit monticule de *Stipa tenuissima.*

❹ Plantes en pot pour le plein soleil ou l'ombre légère, les pensées se déclinent dans une gamme de couleurs envoûtantes et si vous ôtez régulièrement les fleurs fanées, elles fleurissent pendant des mois. La laitue 'Red Oak Leaf' et les carottes rondes offrent un feuillage adapté et apaisant à ces fleurs peu apaisantes, mais joyeuses.

❺ Petite plante percutante, Nertera depressa (baie de corail) est le plus souvent cultivée à l'intérieur, mais elle illumine un endroit abrité à l'extérieur jusqu'à ce que les gelées commencent à poindre. Le métal rouillé, le bois usé par les intempéries et la terre cuite vieillie aident à faire ressortir la couleur.

4

3

5

GRAINES ET SENESCENCE

Au fur et à mesure que la saison avance, de nombreuses plantes annuelles et vivaces fanent gracieusement, flétrissent lentement pour laisser des tiges structurelles et des enveloppes de graines complexes. Leur déclin est encore plus joyeux lorsqu'elles sont attachées à des toiles d'araignée chargées de rosée ou glacées par le givre, alors que l'hiver s'installe. Avec le temps, certaines changent de position ou s'effondrent complètement, tandis que d'autres restent fières jusqu'à ce qu'elles soient coupées au printemps. Il n'y a pas si longtemps, les jardiniers étaient encouragés à faire place nette en automne, mais heureusement, les choses ont évolué et nous savourons maintenant la sénescence, et réfléchissons à deux fois avant de couper ou de cisailler.

❶ Souvent, son contenu peut cacher un pot sans lui porter préjudice. Dans certains cas, cependant, un pot est d'une telle beauté qu'il doit être valorisé. La plante vivace *Persicaria affinis* 'Darjeeling Red' est régulièrement taillée afin de ne pas compromettre les lignes architecturales de la jardinière en béton armé et *Molinia caerulea* subsp. caerulea 'Heidebraut' (molinie bleue), en forme de fontaine, se pare d'une teinte agréable à l'état de chaume.

❷ Dans un jardin, la décomposition peut se révéler séduisante. Je préfère presque *Agapanthus* 'Charlotte' dans sa robe d'automne jaune-orange et biscuit au vert et au bleu de l'été. Les feuilles courbées et moribondes sont rappelées à l'avant par les longs fruits courbés du piment ornemental et, à l'arrière, par *Sedum* 'Lemon Ball' rampant. Plus tard, les feuilles se décomposent, ce qui nécessite un petit entretien judicieux. Bien que d'autres tiges puissent tomber, la majorité des fruits squelettiques persistent jusqu'au printemps.

❸ Lorsque la lumière les saisit, les panaches plumeux de nombreuses herbes hautes, comme le bien nommé *Miscanthus sinensis* 'Morning Light', semblent électrifiés et scintillent comme mille petites LED.

❹ *Pennisetum alopecuroides* 'Red Head' est une excellente herbe de hauteur moyenne à mettre en pot. Placez-la idéalement à un endroit où sa forme de fontaine peut révéler toute sa splendeur.

❺ *Persicaria* 'Darjeeling Red' présente ses feuilles brunies et légèrement fanées à côté d'autres en pleine forme pour créer un aspect bicolore.

❻ Au printemps et en été, *Athyrium niponicum var. pictum* (fougère japonaise) a besoin d'un voile d'ombre pour empêcher ses feuilles délicates de brunir et de se craqueler. Au fur et à mesure qu'elles se flétrissent, cela n'a plus d'importance et l'on peut s'émerveiller de l'effet de la lumière du soleil à travers ses feuilles.

❼ Les tiges de graminées, souvent de couleur vive, constituent un contrepoids efficace aux tiges et aux têtes de graines plus discrètes des plantes vivaces, notamment l'agapanthe.

❽ L'évolution des plantes d'un bout à l'autre de la saison est absolument fascinante. Cette molinie bleue s'étiole de plus en plus, mais même au moment de son déclin fatal, elle continue de nous séduire.

❾ À mesure que l'automne progresse, les feuilles rugueuses et nervurées des hostas deviennent jaune beurre, puis rousses avant de perdre progressivement toutes leurs couleurs.

3

4

5

6

7

8

9

PORTOBELLO MARKE

HIVER

AU DÉBUT DE L'HIVER

Au début de l'hiver, même les jardins les plus éclatants se réduisent à un cadre rigide. Les plantes en pot sont désormais les bienvenues et un ou deux petits pots bien garnis suffisent à remonter le moral. Ils seront plus souvent vus d'une fenêtre ou en passant, alors placez-les en conséquence. Les beaux feuillages persistants sont les héros des jardinières d'hiver, leurs feuilles souvent colorées se dressant pour aider à surmonter le manque de fleurs saisonnier. Les tiges colorées, les bourgeons en attente, les baies brillantes et les beaux fruits sont autant d'éléments avec lesquels il est possible de travailler. C'est une bonne discipline que de moins dépendre des fleurs, quelle que soit la période de l'année.

2

❶ Les choux et les choux d'ornement, cultivés pour leur couleur et leur forme de feuilles plutôt que pour leur goût, comblent efficacement les espaces vides en automne et au début de l'hiver. Ils se plaisent davantage avec les autres plantes à feuilles qu'avec les fleurs. Au fil de la saison, ils peuvent paraître plus ternes, mais en veillant à ce qu'ils ne soient ni trop humides ni trop secs pendant de longues périodes (et en les protégeant des escargots), leur durée de vie esthétique s'en trouve rallongée. En les conservant dans des pots individuels et en les « immergeant » parmi leurs compagnons plutôt que de les planter, on facilite l'arrosage et on peut les remplacer facilement, si nécessaire.

1

❷ Tapisserie de textures et de nuances sobres, ce simple assemblage de thym citronné persistant et bigarré (*Thymus citriodorus* 'Variegatus')), de bruyère blanche d'hiver (*Erica x darleyensis f. albiflora* 'Silberschmelze') et de lierre à feuilles vertes (*Hedera helix* 'Tripod') conserve sa beauté pendant les mois les plus durs. Les cheveux d'ange (*Stipa tenuissima*) forment une toile de fond qu'on a envie de toucher et qui se balance de façon hypnotique dans la brise en filtrant le pâle soleil d'hiver. Le bac incrusté de lichen est bien adapté à son contenu. Certaines jardineries offrent des remises sur les vieux stocks qui ont déjà commencé à s'abîmer alors que d'autres les vendent plus cher.

❸ Un manteau de givre scintille sur *Thymus citriodorus* 'Variegatus' persistant.

❹ Un système de « pots dans un pot » facile à réaliser optimise l'espace et la flexibilité. Les camélias ne supporteraient pas d'être situés en-dessous d'une autre plante de manière permanente, mais sur la durée d'un hiver, ils ne courent aucun danger. Ce spécimen qui rappelle la forme d'une sucette est placé dans un grand pot en plastique, suffisamment profond pour permettre à ses compagnes de se reposer confortablement au-dessus. Si vous enveloppez séparément la motte de chaque plante dans de la toile de jute ou un filet fin vous parviendrez à les enfoncer plus facilement dans la terre. Bien emballées, elles s'abritent et s'isolent les unes les autres.

❺ Le chou d'ornement, *Ophiopogon planiscapus* 'Nigrescens' (black mondo) et *Corokia cotoneaster* se blottissent sous *Camellia sasanqua*.

❻ Mon adoration précoce pour les rhododendrons ne s'est jamais étendue aux camélias, à l'exception de *C. sasanqua* et de ses cultivars à floraison automnale et hivernale précoce, qui sont sous-estimés. Ils sont élégants, touffus et parfumés.

PAGES 100 & 101 Des pots de bulbes à floraison tardive dans des tons de bleu, comprenant *Iris reticulata* 'Katharine Hodgkin', *I.r.* 'Harmony' et I.r. 'Clairette', se blottissent dans une zone abritée près de la maison. Ici, on peut les apprécier sans même avoir à sortir.

POTS DE FÊTE

Noël est une période où les persistantes, qu'il s'agisse de branchages ou d'arbres entiers, sont traditionnellement coupés pour la décoration d'intérieur, mais un grand nombre de plantes en pleine croissance apportent également une touche de gaieté, à l'intérieur comme à l'extérieur. De nombreux arbustes à baies rouges assurent une ambiance de fête instantanée, tout comme des plantes à feuillage persistant symboliques, notamment le houx (ilex) et le lierre (hedera): les deux comptent des variétés intéressantes à mettre en pot. Les conifères persistants robustes, en particulier les pins, les épicéas et les sapins argentés, se décorent volontiers de guirlandes et de petites lumières scintillantes, le tout rehaussé par la chaleur de la terre cuite. Il n'y a aucune raison de ne pas mélanger plantes vivantes et plantes coupées; j'ai un noisetier en pot (*Corylus avellana* 'Contorta') qui, chaque année en décembre, se transforme en « gui ». La plupart de ceux qui le repèrent sourient devant cette transformation convaincante.

1 Des tiges, des feuilles persistantes et des baies colorées s'associent pour donner naissance à un mouvement festif imposant qui continue à exercer son attrait jusqu'à la nouvelle année. Les dimensions de l'arbuste *Cornus alba* 'Sibirica' (cornouiller) sont imposantes, mais il peut être conservé dans un pot conséquent pendant quelques années. Il convient simplement de bien le tailler à chaque printemps afin de favoriser la repousse de nouvelles tiges aux couleurs éclatantes. Tout autour, la vivace à feuilles persistantes *Euphorbia characias* 'Silver Swan' présente un feuillage clair margé crème adouci par une dense grappe verte de *Juniperus procumbens* 'Nana' à la croissance horizontale. Moins attrayantes pour les oiseaux que la plupart des autres espèces, les baies rouges de *Skimmia japonica* 'Red Diamonds' perdurent pendant des mois.

2 En fleurs, *Helleborus niger* 'Christmas Carol' mérite toute notre attention. Placez la plante en hauteur et entourez-la d'agréables compagnes (voir **7**).

3 En principe, j'éviterais de trop utiliser des plantes aux feuilles panachées et je ne les associe presque jamais à d'autres plantes, mais pour Noël j'oublie ces règles. Ici, *Euonymus fortunei* 'Emerald 'n' Gold' au bord jaune beurre contraste merveilleusement avec *Coprosma* 'Fire Burst' rose-rouge.

4 La robuste bruyère d'hiver, *Erica x dar-leyensis f. albiflora* 'Silberschmelze', est dotée d'une constitution de fer qui contribue efficacement à la création du jardin de décembre.

5 *Skimmia japonica* 'Red Diamonds' et *Juniperus procumbens* 'Nana' bénéficient en saison de leur manteau de gel.

6 Une cagette de graines en bois offre une base stable pour un ensemble de petits pots en terre cuite, permettant un arrangement flexible que vous pouvez agrandir, réorganiser et même apprécier à l'intérieur à Noël. Au Nouvel An, échangez les cyclamens contre une succession de bulbes à fleurs, comme les iris et les narcisses nains. Conservant ses grosses baies rouges jusqu'au printemps, *Gaultheria procumbens* (gaulthérie couchée) persistante perdure pendant des années. Les pots non garnis ajoutent de la texture, de la chaleur et du contraste et maintiennent en même temps les pots cultivés.

7 Posées en hauteur sur une table ou une chaise et offrant une toile de fond complémentaire, même les plantations les plus modestes peuvent illuminer le paysage hivernal dépouillé. Ici, *Helleborus niger* 'Christmas Carol', la bruyère d'hiver à fleurs blanches, le lierre rampant et *Gaultheria procumbens* colonisent tranquillement une caisse en bois plus très fraîche, mais pleine de caractère.

AU CŒUR DE L'HIVER

Au cœur de l'hiver, seuls les plus motivés jardinent un peu et seules les plantes les plus téméraires fleurissent, mais les sensations fortes sont encore nombreuses. Alors que mes propres jardinières d'hiver sont pour la plupart abritées près de la maison, je place délibérément un ou deux pots (à l'épreuve du gel) de plantes plus robustes, comme les bruyères d'hiver, les skimmias et les hellébores, là où elles sont susceptibles de recevoir une fine couche de givre ou un peu de neige. La majorité des plantes saisonnières proposées par les jardineries et les pépiniéristes juste après Noël auront cependant été cultivées sous serre, alors abritez autant que possible celles que vous achetez, surtout si la météo est mauvaise.

1

2

1 Bien que cabossé, ce seau en cuivre peu profond reste un grand favori. Il convient à de nombreuses plantes et de nombreux lieux et peut même être suspendu en version acceptable d'un panier suspendu. Le temps lui a conféré beaucoup de caractère et je me souviens avec bonheur des nombreuses plantes qu'il a abritées tout au long de sa longue vie de reconversion. Ici, *Cyclamen coum* à floraison libre flotte avec *Helleborus x ballardiae* HGC 'Merlin' au-dessus d'un entremêlement de *Trifolium repens* 'Atropurpureum'. La poignée de perce-neige (*Galanthus elwesii*) agitent leur tête vigoureusement, mais tout comme les cyclamens, ils

3

ne s'épanouissent pas en pot sur le long terme et il convient de les réintroduire plus tard sous des arbustes à feuilles caduques où ils se multiplieront.

❷ *Helleborus* HGC 'Pink Frost' fleurit à pleine capacité pendant au moins deux mois, avec une floraison finale au début du printemps. Comme pour tous les hellébores, les fleurs sur le déclin continuent de séduire.

❸ et ❹ L'hamamélis est un véritable joyau de l'hiver. Bien qu'il forme naturellement de grands arbustes au port étalé, soigneusement taillé après la floraison, il devrait prospérer dans de grands pots de terreau acide pendant de nombreuses années. *Hamamelis x intermedia* 'Arnold Promise' délicatement parfumé figure parmi les plantes les plus florifères. Ici, il est accompagné d'hellébores vert citron et jaune double (hybrides de roses de carême) d'iris 'Clairette' et 'Katharine Hodgkin' et d'une frange de laîche bigarrée (*Carex oshimensis* 'Everlime' and *C. o.* 'Eversheen'). Il s'agit d'une pure fantaisie, dans la mesure où les plantes sont associées pour l'effet et ne survivront ensemble que pendant un seul hiver. Néanmoins, le spectacle en vaut la peine.

❺ Cette ancienne caisse en bois abrite un arrangement simple et peu coûteux de *Thymus vulgaris* (thym commun), *Erica x darleyensis* 'Darley Dale' (bruyère des neiges) à fleurs roses, de *Libertia ixioides* 'Taupo Blaze', d'Ophiopogon planiscapus minimus et d'un tourbillon de *Juncus effusus f. spiralis* (jonc spiralé). Faisant écho au libertia en forme d'éventail, *Phormium* 'Jester' rouge rosé se situe plus à l'arrière dans un pot séparé.

4

5

LA SAISON DES IRIS NAINS

La possibilité de faire pousser tout près de nous des petites plantes à floraison précoce est une aubaine pendant les mois où le temps peut être exécrable. Parmi ces plantes, aucune ne mérite plus de considération que les iris réticulés, qui fleurissent parallèlement aux perce-neige et aux crochus. J'en suis de plus en plus épris. Ils gagnent en popularité et la gamme de cultivars s'élargit. Cultivés dans des pots indépendants et à proximité, ils sont sublimes. Bien que leur floraison annonce l'arrivée prochaine du printemps, ce sont indiscutablement des fleurs d'hiver, bien plus robustes qu'il n'y paraît. Elles sont absolument incontournables.

3

4

5

1 *Iris* 'Clairette' bleu foncé et I. 'Katharine Hodgkin' pâle se flattent mutuellement. Des pots de différentes profondeurs ont l'avantage de présenter les fleurs en espalier ce qui est plus esthétique que lorsqu'elles se trouvent toutes au même niveau.

2 Les pots aux motifs décoratifs ajoutent de la couleur et de l'intérêt, mais veillez à ce qu'ils soulignent leur contenu plutôt que de l'éclipser. Ce pot de style Delft complète parfaitement *Iris* 'Painted Lady'.

3 Une brique creuse constitue une excellente base pour les iris nains (ici *I. histrioides* 'Lady Beatrix Stanley'). Les alvéoles espacent parfaitement les bulbes, ce qui permet d'apprécier les fleurs pour leur forme architecturale ainsi que pour leurs détails complexes, un plaisir que l'on manque lorsqu'elles sont regroupées. C'est aussi une façon astucieuse de présenter de nouveaux cultivars dont un seul bulbe peut coûter aussi cher que dix bulbes d'une variété plus ancienne À l'automne, enfoncez des petits filets dans le fond de chaque alvéole, insérez un seul bulbe, puis remplissez de terreau granuleux. Recouvrez d'une couche de sable pour protéger les pétales des éclaboussures.

4 Mis en pot individuellement, les iris nains (ici 'Katherine's Gold') peuvent être exposés de manière aérée et dans toute leur diversité afin d'en apprécier pleinement leur beauté.

5 Les iris 'Katharine Hodgkin' et 'Katherine's Gold' se déploient sur le tapis vert foncé des feuilles persistantes d'*Euonymus fortunei* 'Kewensis'. Vous pouvez également choisir un tapis de thym et de saxifrage.

LA FIN DE L'HIVER

Hormis sur les calendriers, comme c'est le cas à chaque changement de saison, la frontière entre l'hiver et le printemps est floue. Les derniers jours des mois les plus sombres sont heureusement marqués par une floraison de plus en plus abondante: les hellébores restent les vedettes, mais les iris et les cyclamens nains commencent à s'effacer au profit des petites jonquilles, des primevères et des crocus, parmi tant d'autres. Puis vient ce moment indéfinissable, mais palpable où l'air et la lumière évoquent davantage le printemps que l'hiver. C'est l'une des périodes les plus excitantes de l'année et le moment où tout votre travail préalable de mise en pot de bulbes au cours des mois d'octobre et de novembre commence, de façon palpitante, à porter ses fruits.

1 Des morceaux de palettes en bois et de traverses de chemin de fer sont empilés afin de pouvoir admirer une variété de plantes et de pots à différentes hauteurs. Chaque élément est clairement identifiable, mais forme un tout. Vers l'avant figurent *Hebe* 'Blue Star', *Skimmia japonica* 'Moerings 1', des hellébores, un cyclamen et des iris, et au fond *Helleborus* HGC 'Pink Frost', *Viburnum tinus* 'Eve Price', et les iris 'Pauline' et 'Katharine Hodgkin'. Un chou ornemental du début de l'hiver, désormais déclinant, mais non moins attrayant, contribue à renforcer la palette de couleurs.

2 J'apprécie cet *Euonymus fortunei* 'Kewensis' depuis plus de trente ans. C'est un chou à feuilles persistantes couvre-sol, résistant, qui s'adapte parfaitement et qui se plaît dans n'importe quel type de pot. Il constitue un havre de paix et un excellent support pour une multitude d'autres plantes, telles que des narcisses nains ou des fougères, ainsi que pour les iris de la page 109.

3 *Helleborus* (groupe Rodney Davey Marbled) 'Molly's White' à fleurs en forme de soucoupe, le délicat *Carex* 'Milk Chocolate' et *Ophiopogon planiscapus* 'Nigrescens' au feuillage ébène entourent *Phormium* 'Bronze Baby' pour créer un décor architectural durable et agréable. Le grand pot vernis pâle s'accorde parfaitement avec les hellébores et apporte une touche discrète, mais indispensable.

4 Les iris et les hellébores sont des fleurs de fin d'hiver si fiables que j'en cultive de nombreuses variétés différentes, d'où leur présence fréquente dans ces pages. Ici, *Iris* 'Clairette' bleu de Chine, *Helleborus x sahinii* 'Winterbells' à la floraison impressionnante (l'une des premières à fleurir) et H. (groupe Rodney Davey Marbled) 'Bayley's Blush' forment un trio fleuri. Chaque pot ne contient qu'une variété, ce qui facilite le mélange et l'association avec d'autres pots. *H. x s.* 'Winterbells' traverse l'hiver et le printemps avec des grappes de clochettes roses qui hochent la tête. Elle a pour formidable habitude de refleurir à la fin de l'été, mais veillez à ce que les pucerons ne s'en emparent pas. Ils adorent les bourgeons mous et charnus et hors saison il est facile d'oublier cette menace.

5 Même une légère touche de couleur, comme une simple jacinthe, peut rehausser une composition qui autrement serait statique. *Hyacinthus* 'Pink Pearl' apporte un sursaut de couleur (et de parfum) instantané, mais temporaire, à un groupe de persistantes de longue date, notamment *Viburnum tinus* 'Eve Price', *Nandina domestica* 'Seika' (syn. 'Obsessed'), *Helleborus* HGC 'Pink Frost' et *Skimmia japonica* 'Rubella', sur lesquels les bourgeons rouges commencent à peine à éclore.

6

6 Là où vous avez de la place, la disposition de quelques pots pour leur permettre de respirer et éventuellement de vous asseoir produit un effet très chaleureux. En jouant sur la hauteur afin que leur forme et leurs détails soient bien visibles, leurs spécificités se trouvent renforcées et la scène s'anime. L'espace facilite également leur entretien et leur contrôle. L'ajout d'accessoires, tels que des plaques d'ardoise ou des galets, permet d'augmenter l'espace en utilisant moins de plantes et de pots, ce qui est particulièrement utile en hiver. J'avais prévu d'utiliser des jacinthes jaune pâle, mais les roses étaient plus fleuries et bien que leur teinte ne soit pas tout à fait adaptée, elles offraient tout de même un éclat de couleur centrale accrocheur. *Heuchera* 'Blackberry Jam', *Viburnum tinus* 'Eve Price', *Nandina domestica* 'Seika' (syn. 'Obsessed'), les phormiums, hellébores et *Skimmia japonica* 'Rubella' les encadrent parfaitement.

7 et 8 C'est le même pot de *Phormium* 'Maori Queen' et *Helleborus* 'Angel Glow' que sur la 6, photographié l'hiver suivant. Avec un minimum d'efforts de ma part, ils ont prospéré ensemble pendant quelques années avant de se retrouver en surnombre. Beaucoup d'hellébores hybrides n'aiment pas disposer de trop d'espace dans un pot et détestent l'excès d'eau. Je pense par conséquent que le phormium à racines charnues a aidé à évacuer l'excédent d'eau. Un fin manteau de neige les habille merveilleusement, mais en cas de chutes importantes, mieux vaut déblayer les plantes.

9 Après une baisse de popularité il y a plusieurs décennies, les conifères reviennent en force. De nouvelles introductions intéressantes et des méthodes de culture innovantes contribuent à les réinventer. Les cultivars à croissance lente et compacte conviennent bien à la culture en pot, cultivés seuls ou en groupe. Toutefois, certains sont beaucoup plus charismatiques que d'autres et il convient de bien les choisir. *Thuja occidentalis* 'Golden Tuffet' en forme de petit pain et le couvre-sol *Juniperus communis* 'Green Carpet' méritent tous deux d'être recherchés. Les pins, tels que *Pinus mugo* 'Ophir', la pièce maîtresse verticale dorée de ce mini-paysage, sont particulièrement beaux et pleins de caractère.

10 La neige se dépose de façon décorative sur les branches verticillées des pins et je cultive plusieurs variétés naines précisément pour ce petit plaisir !

7

8

9

10

CHOISIR PLANTES ET POTS

QUE FAIRE POUSSER ?

PAGE 115 Cultivée à partir de bulbes plantés à la fin de l'été ou au début de l'automne, *Scilla peruviana* est une plante exubérante d'origine méditerranéenne qui pousse mieux en pot. En effet, il est ainsi plus facile de l'arroser abondamment qu'en pleine terre.

CI-CONTRE Même les chênes peuvent être cultivés en pot pendant plusieurs années et c'est un plaisir de les voir grandir et se développer. Ils finiront par avoir besoin de plus d'espace pour leurs racines et, si possible, d'être alignés quelque part.

Presque toutes les plantes peuvent grandir en pot. Mais toutes ne vous le rendent pas et certaines ne valent pas l'effort fourni. Heureusement, la gamme des plantes qui se prêtent volontiers à la culture en jardinière est très vaste et variée. Chaque année de nouvelles variétés de plantes à faire pousser en pot voient le jour et le choix peut donc être à la fois passionnant et intimidant. Mais prenez votre temps et savourez chaque instant. Ce livre rassemble un certain nombre de plantes parmi les plus belles et les plus pratiques auxquelles j'ai pu me fier. Les pages suivantes en constituent une très brève introduction. En consultant internet, vous obtiendrez encore plus de détails.

Les plantes pour pots peuvent être divisées en deux grandes catégories : les spécimens structurés durables dont vous profiterez pendant de nombreuses années, et les saisonniers éphémères qui peuvent n'être en fleurs que pendant quelques semaines ou mois. Cette dernière catégorie comprend les annuelles, les bisannuelles, les vivaces tendres, les bulbes et les légumes, tandis que les arbres, les arbustes, les conifères, les plantes grimpantes, les vivaces et les herbes appartiennent à la catégorie des permanentes.

Pour obtenir une place dans un de mes pots, une plante doit remplir certaines conditions de base. En premier lieu, elle doit pouvoir présenter un intérêt sur une période aussi longue que possible. Il y a des exceptions, notamment les tulipes et les lys, mais personne ne souhaite replanter toutes les trois ou quatre semaines. Plus nombreuses sont les saisons pendant lesquelles une plante a quelque chose à offrir, mieux c'est, surtout lorsque vous ne disposez que de peu d'espace. Les plantes qui fleurissent, produisent des fruits et portent de jolies feuilles apparaissent en tête de liste. Une plante en pot de longue durée de première qualité doit également être relativement compacte et pas trop vigoureuse, bien qu'il s'agisse là d'une règle souple qui peut être enfreinte, notamment si vous préférez un effet plus théâtral.

Il convient également de tenir compte de l'exigence particulière de chaque plante en matière d'entretien. Ceci est particulièrement important pour les spécimens de longue durée. Un peu de travail à la maison vous permet de vous assurer que la plante et le site sont bien adaptés et que vous pouvez répondre au mieux à ses besoins. Comme vous pouvez exercer un certain contrôle sur leurs conditions de croissance, certaines plantes peuvent même mieux se développer qu'en pleine terre.

Il ne sert à rien, par exemple, de planter des marguerites (argyranthèmes) qui aiment le soleil dans un pot à l'ombre d'un arbre, car leur croissance sera lente et leurs fleurs clairsemées. De même, les érables du Japon qui poussent dans des endroits frais et abrités ne sont pas des candidats favoris pour une zone inondée de soleil ou un endroit exposé et venteux. J'ai moi-même commis beaucoup d'erreurs, mais j'ai ainsi appris que l'on ne sait jamais vraiment à quoi s'en tenir avec les plantes. L'avantage des pots est que dès que vous constatez que votre plante ne s'épanouit pas là où elle se trouve, vous pouvez rapidement et relativement facilement la déplacer vers un endroit plus approprié.

1

2

3

4

5

6

7

1 *Acer palmatum* 'Orange Dream' (érable du Japon)

2 *Leptospermum scoparium* 'Red Ensign'

3 *Daphne bholua* 'Jacqueline Postill'

4 *Pieris japonica* 'Little Heath'

5 *Dicksonia antarctica* (fougère arborescente)

6 *Hydrangea macrophylla* 'Blackberry Pie'

7 *Rhododendron* 'Percy Wiseman'

Arbres et arbustes

Les arbres et les arbustes fournissent une structure omniprésente, essentielle à la présentation des pots longue durée. En utilisant une variété de plantes ligneuses, il est possible d'obtenir une oasis en pot de plusieurs niveaux, en constante évolution tout au long de l'année. Si vous investissez dans quelques plantes en pot très résistantes, d'autres ajouts plus temporaires seront d'autant plus efficaces.

L'art ancien du bonsaï illustre suffisamment bien que même les arbres majestueux, tels que les chênes et les pins, sont cultivables en pot, au prix d'un travail intense. De nombreux arbres peuvent être maintenus dans des pots de taille suffisante pendant un nombre surprenant d'années sans qu'un effort démesuré soit nécessaire et j'en ai vu plusieurs prospérer pendant une décennie ou plus. Parmi eux figurent *Cercis canadensis*, *Fagus sylvatica* 'Purpurea Pendula', *Liquidambar styraciflua*, *Amelanchier lamarckii*, *Salix erythroflexuosa* et *Rhus typhina* 'Laciniata'. Ces deux derniers peuvent être taillés vigoureusement chaque printemps, tout comme *Eucalyptus gunnii* et restent par conséquent tout à fait gérables. Pour les jardins où rien d'autre ne pousse en hauteur, on peut envisager de planter des arbustes tels que le houx, le photinia et le troène, en demi-tige ou coupés en colonnes topiaires ou en forme de sucette.

Les plantes à feuilles persistantes représentent un choix naturel à long terme pour les pots, en particulier celles qui sont compactes ou à croissance lente. Elles constituent des supports fiables et se révèlent très efficaces pour mettre en valeur des plantes plus colorées dont l'offre est relativement éphémère. Leur longévité leur permet de rentabiliser l'investissement initial. Il convient juste de choisir entre celles au feuillage panaché et celles qui présentent de belles feuilles structurées. Les phormiums (lin de Nouvelle-Zélande) sont des plantes vivaces à feuilles persistantes formant des touffes, mais dont la pérennité leur permet d'être mentionnées ici et qui excellent aussi bien au soleil qu'à l'ombre. Contrairement aux arbustes ligneux, ils peuvent être divisés lorsqu'ils grandissent trop et sont donc faciles à rafraîchir. Parmi les autres favoris, citons *Fatsia polycarpa*, *choisya*, *pieris*, *mahonia* et *Corokia x virgata* 'Sunsplash' (j'en ai cultivé un dans le même pot pendant plus de quinze ans). Ces dernières années, avec l'apparition de nouveaux cultivars, je me suis de plus en plus passionné pour les coprosmes de Nouvelle-Zélande. Bien qu'ils nécessitent une protection dans les régions plus froides, leur port compact et leurs feuilles brillantes plaisent énormément. Les nouveaux cultivars plus nets du pittosporum, un autre Néo-Zélandais, se prêtent à l'utilisation en pot.

Les conifères nains et à croissance lente sont inestimables, surtout en hiver, et méritent une plus grande popularité. Loin d'être immuables, beaucoup d'entre eux passent par différentes teintes au fil des saisons, brunissant en hiver et devenant plus brillants lorsque le nouveau feuillage frais apparaît au printemps. Les pins, en particulier, sont pleins de caractère et les espèces à croissance plus lente peuvent vivre en pot pendant des années. Les genévriers sont extrêmement robustes et s'associent harmonieusement à d'autres plantes à structure dense, comme les bruyères à floraison hivernale.

Les arbustes à feuilles caduques qui fleurissent brièvement, comme le deutzia, le syringa ou même les magnolias, ne méritent pas vraiment une place dans nos pots à l'inverse d'autres arbustes à feuillage intéressant, comme le physocarpus, les acers (érables japonais) et les sorbiers.

❶ *Brunnera macrophylla* 'Jack Frost'

❷ *Dryopteris erythrosora*

❸ *Heuchera* 'Marmalade' et *Trifolium repens* 'Atropurpureum'

❹ *Echinacea purpurea* 'White Swan'

❺ *Rudbeckia* 'Summerina Orange' (Séries Summerina)

❻ *Festuca glauca* 'Intense Blue'

Vivaces rustiques

Les plantes vivaces, des plantes non ligneuses qui vivent au moins deux ans (mais souvent indéfiniment), sont regroupées en deux catégories: celles qui résistent à l'hiver et peuvent donc être laissées à l'extérieur toute l'année, et les types tendres (voir *annuelles, bisannuelles et plantes vivaces tendres*, page 126) qui doivent être protégées du froid. Les deux groupes incluent de nombreuses plantes en pot de premier choix.

L'une des plus belles qualités de nombreuses plantes vivaces adaptées aux pots est qu'elles changent d'apparence et de rythme au fil des saisons. En mars, les hostas sont représentés par des bourgeons touffus et pointus qui se déploient et se développent de plus en plus rapidement au fur et à mesure que les jours s'allongent. Début mai, ces plantes en pot atteignent leur apogée et les feuilles sculptées sont ensuite rejointes par des fleurs argentées mauves ou blanches. En automne, les feuilles se flétrissent et blanchissent de manière très attrayante. Dans le cas des pulmonaires, les fleurs apparaissent en premier, les feuilles souvent tachetées ou argentées grandissant à mesure que les fleurs se fanent. Les plantes des bois comme les épimèdes, les brunneras et les fougères s'accommodent volontiers de pots situés dans un coin ombragé. Le choix des fougères fait merveille et leur présentation en pot permet d'apprécier pleinement leurs formes sculpturales. Les fougères *Athyrium niponicum* var. pictum, *Dryopteris erythrosora* et la délicate *Athyrium filixfemina* 'Frizelliae' figurent parmi les trois variétés auxquelles je ne renoncerai jamais. Comme pour la plupart des plantes vivaces, si elles commencent à avoir l'air fatigué ou négligé, une petite taille les rajeunira comme par magie.

De nombreuses plantes vivaces sont excellentes pour les pollinisateurs et dégagent un air naturaliste informel très recherché. Les plantes les plus utiles sont celles qui fleurissent sur une longue période ou qui présentent de belles feuilles. *Verbena officinalis* var. *grandiflora* 'Bampton', la sanguisorba, le gaura, *Allium hookeri* 'Zorami' conviennent toutes, de même que les persicariums plus courts et moins vigoureux tels que *P. amplexicaulis* 'Pink Elephant', P. a. 'Blackfield' et *P. microcephala* 'Red Dragon'. De nombreuses graminées et carex répondent également à la vogue d'une plantation plus libre, apportant douceur et texture, bien que je les utilise plus rarement qu'auparavant. Je privilégie davantage les espèces plus fluides telles que l'hakonechloa, l'eragrostis et Stipa barbata, ainsi que les panicums et les molinias particulièrement filiformes et transparents. *Pennisetum* 'Fairy Tails' et *Miscanthus* 'Red Cloud' méritent également d'être mentionnés.

Comme le prouvent les graminées, les feuilles comptent tout autant visuellement, que les fleurs. C'est sans doute encore plus vrai, et il s'agit d'un atout fondamental, si le feuillage est persistant, ou à un moment donné produit de belles fleurs. Une composition bien pensée s'appuie sur ces plantes pour fournir un corps, un centre de gravité et une toile de fond pour les fleurs ainsi mises en valeur. Parmi les meilleures figurent les heuchères, les tiarelles et les heucherellas (un hybride des deux premières). Grâce à la beauté de leurs feuilles, à leur port soigné et à leurs fleurs délicates et vaporeuses, ces plantes sont idéales en pot tout au long de l'année. De nombreuses euphorbes appartiennent également à cette catégorie et apportent de la hauteur au centre ou à l'arrière d'un pot.

Alors que certaines plantes vivaces sont plus belles en association, les agapanthes, les hostas, les heuchères et les mélianthes se suffisent à elles-mêmes.

1

2

3

4

5

6

1 *Iris* 'Katharine Hodgkin'

2 *Scilla siberica*

3 *Scilla peruviana*

4 *Erythronium* 'Pagoda' (dents de chien violet)

5 *Anemone blanda* 'white splendour'

6 *Narcissus* 'Rip van Winkle'

7 *Tulipa* 'Weber's Parrot' et *Brunnera macrophylla* 'Jack Frost'

8 *Hyacinthus* 'Pink Pearl'

Bulbes à fleurs

Sans la grande variété de bulbes à fleurs, de cormes et de tubercules faciles à cultiver, les amateurs du jardinage en pot auraient nettement plus de difficultés à apporter de la couleur au jardin au printemps. La majorité d'entre eux se développent en pot et, plantés de manière à fleurir successivement, ils couvriront toute la saison : des iris nains (voir page 108) aux crocus chargés de pollen qui fleurissent dès la fin de l'hiver, en passant par les tulipes flamboyantes (voir pages 40-45) qui annoncent le début de l'été.

Je cultive de nombreux types de bulbes uniquement en pot où ils ne seront pas accidentellement dérangés lors de l'hivernage. En outre, comme ils ne sont pas en fleurs pendant plusieurs semaines, ils peuvent être facilement déplacés une fois fanés. Certains se trouvent dans des pots en plastique placés à l'intérieur de pots décoratifs, tandis que d'autres sont plongés dans des espaces délibérément laissés libres parmi d'autres plantes saisonnières et des plantes à feuilles persistantes dans des pots plus grands. L'insertion d'un pot vide de taille correspondante lors de la plantation leur permet de trouver de l'espace sans être perturbés.

D'autres vont directement dans des pots d'ornement – généralement juste une ou deux variétés dans chacun et fleurissent en même temps. Ils peuvent ensuite être facilement déplacés à la fin de leur floraison. Je plante également des tulipes et des narcisses parmi les plantes vivaces herbacées à feuilles telles que les hostas, les brunneras et les persicarias, de sorte que lorsque ces dernières poussent, elles prennent le relais et cachent le feuillage du bulbe mourant.

La plupart des bulbes à floraison printanière qui excellent en pot requièrent un emplacement ouvert et ensoleillé, bien qu'*Ornithogalum nutans*, les erythroniums et les trilliums apprécient l'ombre. J'apprécie particulièrement les trilliums et même s'ils sont mieux en pleine terre, en pot ils sont plus faciles à protéger des escargots qui déciment toujours ceux que j'ose planter. Les narcisses nains et ceux qui résistent au vent peuvent également supporter un peu d'ombre et sont plus performants que leurs cousins plus grands. Les narcisses à plusieurs têtes, comme les Triandrus, qui comprennent mon 'Hawera' préféré, sont particulièrement intéressants. Beaucoup possèdent plusieurs tiges, ce qui permet d'obtenir un plus bel effet avec moins de bulbes.

En pot, les bulbes peuvent être plantés à la fois plus profondément et moins superficiellement, et plus près, que s'ils étaient en terre. Cela vous permet de les disposer pour une composition impressionnante, mais vous devez garder à l'esprit la taille et la forme de leurs fleurs : les iris nains, par exemple, fleurissent moins bien s'ils sont trop entassés. En échelonnant les périodes de plantation puis en conservant la plupart des pots dans un endroit très frais à l'extérieur (la plupart des bulbes tolèrent des températures très basses), mais en en mettant certains à l'abri, vous pouvez espérer une longue période de floraison.

Les catalogues de bulbes regorgent de variétés tentantes et, outre la reprise d'anciens favoris, il est toujours agréable d'en découvrir de nouveaux. Vérifiez toujours la taille des bulbes, surtout si vous achetez par correspondance. Les plus gros bulbes produisent le plus de tiges et des fleurs plus grandes et plus fines, de sorte que le prix dépend généralement de la taille du bulbe.

Les bulbes ne se développent pas seulement au printemps : les espèces à floraison estivale et automnale, dont les alliums, les dahlias, les glaïeuls, les crocus, les colchiques et les nérines, sont également très précieuses. Tant que vous les plantez au bon moment – et la floraison de certains peut être prolongée – vous ne pouvez pas vous tromper.

PLANTER EN COUCHES

Un moyen fiable d'obtenir une succession de couleurs dans un seul pot est de planter les bulbes par couches, surtout si vous manquez d'espace. L'idéal est de planter trois couches. Toutefois, dans de petits pots, deux couches sont plus judicieuses et quatre dans les pots particulièrement grands. Plantez les bulbes les plus grands et les plus tardifs dans le fond – vous pouvez aller jusqu'à 30 cm de profondeur - et les plus précoces et les plus petits dans la couche supérieure. Plantés sur une seule couche, les bulbes peuvent quasi se toucher, mais les multicouches nécessitent un espacement plus important pour permettre aux bulbes du bas de se frayer un passage. Assurez un bon drainage en mélangeant du sable au terreau et, si possible, posez les pots sur des briques ou des supports pour pots. Couvrez les couches inférieures et intermédiaires avec 5 cm de terreau et placez la couche supérieure à 10 cm de profondeur.

1

2

3

4

5

6

7

8

9

10

11

1 *Pratia pedunculata* 'County Park'

2 *Rhodohypoxis baurii*

3 *Lithodora diffusa* 'Heavenly Blue'

4 *Saxifraga* Southside groupe Seedling avec thym et joubarbe

5 hybride *Lewisia cotyledon*

6 *Saxifraga* (Mossy Group) 'Peter Pan'

7 *Phlox subulata* 'Emerald Cushion Blue'

8 *Armeria pseudarmeria* 'Ballerina Red'

9 *Delosperma* 'Jewel of The Desert'

10 *Orostachys iwarenge* (chapeau chinois)

11 *Trifolium repens* 'Dragon's Blood'

Petites plantes

Les plantes les plus petites ont généralement une durée de vie plus longue en pot que dans la terre du jardin, où elles peuvent se trouver trop rapidement à l'ombre. Je fais principalement référence aux plantes alpines qui ressemblent à des pierres précieuses et que les passionnés et les jardins botaniques ont souvent les moyens d'acheter dans des serres spécialisées, mais que la plupart des jardiniers ont du mal à trouver. J'ai perdu tellement de petits spécimens qui se sont fait envahir par de plus grosses plantes que je me limite maintenant aux quelques exemplaires que je garde dans des pots et des bacs en terre cuite. Mettre ces plantes en pot signifie aussi qu'elles peuvent être vues sans avoir besoin de s'agenouiller et que leurs besoins individuels peuvent être pris en compte. Les mondes miniatures sont passionnants pour les jeunes et les moins jeunes, et faire pousser de minuscules plantes dans des pots nous apprend à apprécier tous leurs détails complexes.

Les espèces alpines facilement disponibles ne sont pas difficiles à cultiver et conviennent ainsi parfaitement aux jardiniers débutants. Elles durent longtemps si elles sont mises en pot dans un terreau très drainant. Cependant, beaucoup d'entre elles, comme les lewisias à feuilles charnues, les délicats pavots alpins (*Papaver alpinum*) et les saxifrages en coussin s'abîment si elles sont trop mouillées, en particulier autour du col, alors ajoutez du gravier au terreau lors de l'empotage ainsi que sur le dessus.

Les couvre-sols très denses, tels que la leptinella qui ressemble à la fougère, le pratia à fleurs bleues, la raoulia presque microscopique, la camomille aromatique et les thyms rampants (tels que *T. lanuginosus* à feuilles duveteuses) recouvrent rapidement la surface des petits pots. J'ai tendance à les planter dans des pots beaucoup plus larges que hauts pour accentuer leur habitude et obtenir des étendues de feuilles et de fleurs apaisantes.

En règle générale, les petites plantes préfèrent être isolées dans des pots individuels, bien qu'elles puissent très bien être regroupées dans un seul pot (ou un évier en pierre) à condition qu'elles aiment toutes les mêmes conditions et qu'elles aient des taux de croissance compatibles.

Si on lui fournit un terreau acide, un abri d'été chaud et ensoleillé et qu'on le garde au sec pendant l'hiver, le rhodohypoxis délicat forme des touffes bas-ses et denses de feuilles étroites et duveteuses, parsemées en été de fleurs étoilées dans de nombreuses nuances de rose. Je ne peux pas imaginer de plante minuscule plus spectaculaire, à l'exception peut-être des gentianes à floraison automnale, qui, là encore, ont besoin de conditions tout à fait spécifiques pour prospérer. J'ai eu beaucoup plus de succès avec elles dans des pots de compost éricacé qu'en terre spécialement préparée, mais elles restent difficiles à conserver. La beauté pure et la couleur intense de leurs fleurs en trompette me poussent cependant à persévérer. Et la prochaine fois que vous rencontrerez une fleur de gentiane, regardez au fond de sa gorge!

Enfin, pensez aux arbustes à feuilles persistantes nains, comme les véroniques arbustives, *Daphne collina* au parfum délicieux, aux plus petits conifères à croissance lente, aux bruyères et aux landes fleuries avec toutes leurs feuilles colorées.

Voir *Placez-les en hauteur*, page 31, et *Des tables*, page 78.

Annuelles, bisannuelles et tendres vivaces

Les plantes annuelles semi-rustiques et le groupe toujours plus nombreux de plantes vivaces tendres ou semi-rustiques que l'on appelle communément « plantes de patio » représentent la base de nombreux pots d'été. La gamme de ces deux types de plantes a explosé au cours des dernières décennies et de mon activité de jardinier en pot. Autrefois, le choix me semblait très limité, alors qu'aujourd'hui, c'est tout le contraire. Pour mon premier pot d'été, je ne disposais que de fuchsias, géraniums (uniquement des pelargoniums zonales) et quelques plantes retombantes, notamment *Helichrysum petiolare* à assortir aux impatiens, petunias et lobelia. Mais les premiers pétunias retombants sont arrivés et les vannes se sont soudainement ouvertes. Un grand nombre de plantes précieuses, dont des diascias, des osteospermums et des nemesias, sont arrivées d'Afrique du Sud, sur lesquelles des hybrideurs ont travaillé sans relâche. Les sélectionneurs continuent à produire de nouvelles variétés « améliorées », de couleurs et de tailles toujours plus variées, pour répondre à tous les critères de goût, même si la plupart, par nature, ne sont pas subtiles !

Les argyranthèmes à fleurs de marguerite et les osteospermums forment des plantes buissonnantes florifères qu'il est préférable de mettre en pot en tant que spécimens individuels et d'éliminer les fleurs fanées pour qu'ils restent impeccables. Ces derniers sont proposés dans des couleurs étonnantes, lumineuses, bicolores et presque métalliques, qui scintillent littéralement au soleil. Le petchoa – un hybride issu de pétunias et de calibrachoas plus délicats – est également disponible dans des teintes alléchantes. Parmi les autres incontournables, citons *Cuphea* 'Torpedo' aux fleurs écarlates étranges, l'anagallis bleu gentiane, le dichondra argenté retombant, le solénostemon (coleus), *Ipomoea batatas* et les délicats cultivars à floraison continue d'*Euphorbia hypericifolia.*

En ce qui concerne les annuelles rustiques, je ne pourrais pas me passer des tournesols pour leur gaieté plus grande que nature et leur volonté de croître. Il existe de nombreuses espèces naines pour les accompagner et créer une émeute : je plante souvent des pétunias, des calendulas et des haricots d'Espagne nains 'Hestia'. Semez-les dans des pots en papier ou en fibre biodégradable, ou directement dans leur habitat final. La plupart des autres annuelles faciles à cultiver, comme le bleuet, le calendula, le pied-d'alouette, les capucines, le pavot et la nigelle gagnent à être semées directement en bloc de chaque plante ou en mélange aléatoire. Elles rendent magnifiquement dans des caisses en bois. N'oubliez cependant pas qu'elles ne fleurissent pas tout au long de l'été comme les annuelles semi-rustiques telles que les pétunias, les soucis, la lobélie, le nicotiana, les tagètes, le cosmos, le rudbeckia et *Begonia semperflorens.*

Pour le printemps, les bisannuelles telles que les giroflées, les marguerites et, bien sûr, les pensées et les violas peuvent être intégrées pour compléter les jacinthes, les narcisses et les tulipes, bien que j'accompagne généralement mes bulbes d'une nappe de plantes vivaces aux couleurs moins vives. En automne et en hiver, les mini-cyclamens semi-rustiques sont très précieux. Même s'ils supportent des températures basses, ils sont très sensibles à l'humidité, alors placez-les sous une couverture ouverte sur les côtés.

❶ *Osteospermum*

❷ *Nemesia denticulata* 'Confetti'

❸ *Pelargonium* 'Fireworks Red-white' (série Fireworks)

❹ *Cosmos* 'Xanthos'

❺ *Centaurea cyanus* (bleuet)

❻ *Gazania* 'Apache'

❼ *Calibrachoa* 'Double Lemon' (série Minifamous)

L'ACHAT DE PLANTES

Lorsque vous choisissez des plantes saisonnières, préférez les plantes au port compact, bien ramifié et saines aux plantes filiformes et jaunissantes. Privilégiez les spécimens en boutons plutôt que ceux en pleine floraison et, si vous osez, vérifiez l'état du système racinaire en soulevant soigneusement la motte du pot. Idéalement, les plantes doivent être bien enracinées tout autour du pot afin que le terreau tienne en place. Toutefois la masse ne doit pas être trop épaisse et cacher le terreau.

1

2

3

4

5

6

7

1
2
3
4
5
6
7
8

Plantes grimpantes annuelles

Sans ce groupe de plantes fort utiles, ma propre composition de pots d'été serait sérieusement réduite et je ne pourrais plus m'en passer à présent. La plupart se cultivent très facilement et, même en nombre réduit, elles produisent leur effet. Ceci dit, je cultive chaque année plusieurs variétés de première qualité, en pot et en pleine terre, en guise de haies temporaires. Avec une croissance de deux mètres ou plus en une saison, elles ne passent pas inaperçues et parviennent à illuminer et colorer des zones que les autres annuelles n'atteignent pas. Beaucoup sont aussi efficaces en version grimpante que retombantes et conviennent ainsi parfaitement aux haies sur plusieurs niveaux. Elles apportent toutes de la verticalité sans monopoliser trop d'espace au sol, ce qui les rend particulièrement appréciables dans les petits jardins.

Les différentes méthodes employées pour faire grimper les plantes, des vrilles aux tiges en spirale, nécessitent toutes une forme de support, conçu soit pour être complètement caché soit pour être montré à titre d'accompagnement ornemental. La plupart du temps, j'aime qu'au moins une partie du cadre soit visible, car il contraste avec la plante et la complète. Les supports potentiels peuvent comprendre d'autres plantes (elles se faufilent entre les grands arbustes et les petits arbres), des fils de fer sur les murs, des cannes de bambou, des treillis ou des obélisques métalliques artisanaux. Les structures fabriquées à partir de saules souples et de tiges autonomes de noisetier ou de branches de bouleau ou de tilleul sont simples à monter, peu coûteuses et très attrayantes en elles-mêmes. J'utilise également des tiges d'acier de récupération (en particulier celles qui sont tordues et courbées), des tubes en cuivre et des treillis d'armature en béton plus beaux rouillés qui constituent souvent des éléments architecturaux.

À proprement parler, nombre des plantes grimpantes que nous nommons « annuelles » sont en fait des plantes vivaces tendres, comme les thunbergias très florifères et les élégantes cobaea, qui peuvent passer l'hiver sous serre ou dans une véranda. Dans de bonnes conditions, leur croissance est rapide et beaucoup d'entre elles connaissent une poussée au milieu de l'été une fois que leur système racinaire est bien établi et qu'il remplit le pot. D'après mon expérience, la plupart fleurissent mieux et plus rapidement (certaines aiment vous faire attendre un peu avant de fleurir spontanément) si leurs racines sont entravées. Par rapport à leur taille définitive, j'ai tendance à les planter dans des pots modestes d'environ 40 cm de diamètre, puis à les nourrir chaque semaine avec un engrais soluble pour les entretenir pendant la deuxième moitié de l'été jusqu'à l'automne, lorsque beaucoup d'entre elles se développent.

Parmi mes incontournables se trouvent la capucine des Canaries (*Tropaeolum peregrinum*), les différentes ipomées, plumes d'Indien (*Ipomoea lobata*) et l'incomparable chapeau chinois mauve (*rhodochiton*). Cette dernière pousse mieux autour de cerceaux ou le long de fils horizontaux pour permettre aux curieuses « cloches » de se balancer librement. En grimpant sur de hautes et fortes tiges de noisetier avec des haricots d'Espagne dans un grand pot, les courges deviennent un objet de conversation annuel dans mon jardin. De nombreuses autres compositions me viennent à l'esprit, mais l'association de l'ipomée plume d'Indien et de la thunbergia (Suzanne aux yeux noirs) vaut le détour. Pour d'autres suggestions de plantation, voir *Grimpantes à croissance rapide*, page 82.

❶ *Ipomoea purpurea* 'Grandpa Otts' (Liseron bleu)

❷ *Asarina scandens*

❸ *Lathyrus odoratus* 'Matucana' (pois de senteur)

❹ *Thunbergia alata* 'Arizona Glow'

❺ *Rhodochiton atrosanguineum* (chapeau chinois)

❻ *Cobaea scandens*

❼ *Tropaeolum peregrinum* (capucine des Canaries)

❽ *Ipomoea lobata*

CONSEIL DE CULTURE

La plupart des plantes grimpantes annuelles se cultivent facilement à partir de graines et, une fois germées, elles s'envolent rapidement, grimpant de deux mètres ou plus au milieu de l'été. Semez de plus grosses graines dans des pots biodégradables, des tubes de carton ou du papier journal enroulé (j'ai un petit outil original pour fabriquer des pots en papier journal que mes neveux et nièces adorent utiliser), car cela évite de perturber les racines lors de la plantation et évite également l'utilisation du plastique.

Plantes comestibles

Même si la récolte n'est pas votre priorité, de nombreuses plantes comestibles méritent d'être choisies pour leur apparence. Beaucoup sont tout aussi attrayantes que celles cultivées uniquement pour des raisons esthétiques et tant que vous évitez les espèces toxiques ou irritantes, le mélange de plantes productives et de plantes ornementales pures vous permet de profiter des deux. Quelle que soit votre priorité, la culture des plantes en pots facilite le contrôle de leurs conditions de culture. En règle générale, les plantes fruitières sont plus performantes sans concurrence de racines, et c'est particulièrement vrai pour les piments forts et doux, les aubergines et les tomates. La plupart du temps, je les mets en pot individuellement ou par groupes de la même variété, puis je les regroupe, en cachant les pots en plastique avec des sacs de toile de jute et de la corde.

La majorité des herbes, qu'elles soient aromatiques ou non, jouissent d'une popularité méritée en pot. Les thyms, dans toute leur variété, sont extrêmement utiles et je fais pousser plusieurs basilics différents chaque année; leur goût et leur apparence sont très variés. Les plantes de persil frisé bien cultivées ressemblent à des nuages en miniature et je les plante donc le plus tôt possible pour obtenir de grands spécimens à qui on pourra aisément retirer un ou deux brins de temps en temps. Le romarin pousse dans des pots de terreau à écoulement libre et, en plus de fournir des brins de feuillage aromatique, il fleurit dès le début de l'année.

La bette à carde apporte des tiges hivernales colorées tant pour vos pots que pour votre assiette; mangez les jeunes feuilles en salade et faites cuire les feuilles plus matures comme des épinards. Le chou frisé est un autre produit d'hiver très apprécié. Les haricots d'Espagne et les pois donnent de la hauteur à un arrangement (et les pousses de pois sont délicieuses), bien qu'il existe des variétés de petite taille de ces deux espèces qui conviennent parfaitement à la culture en pot avec des haricots verts nains. Les courgettes ont une architecture impressionnante et, outre les fruits, les grandes fleurs voyantes (ou plutôt les bourgeons) sont également réputées pour leur qualité gustative. Parmi les autres plantes à fleurs comestibles, on trouve la ciboulette, le souci, la bourrache, la capucine et la violette.

Les carottes (les carottes à tête ronde conviennent mieux, sauf dans des pots profonds), radis, jeunes feuilles de salade et légumes verts orientaux se marient tous parfaitement avec les caisses et les plateaux en bois; les boîtes de conserve utilisées en restauration sont parfaites pour les tomates et les piments. Naturellement, la plupart des légumes ont besoin d'un approvisionnement régulier en eau pour produire une succession de produits de qualité, mais ils n'apprécient pas de rester humides, alors assurez-vous que tout pot réutilisé laisse bien s'écouler l'eau.

Les fruits d'arbres greffés sur des porte-greffes nains conviennent également aux pots, et même si l'on ne s'attend pas à des récoltes massives, la sensation de satisfaction que procure la culture d'une poignée de vos propres fruits récompense tous vos efforts. Bien que le pommier, le prunier et le cerisier soient aussi attrayants que n'importe quel arbre à fleurs, la plupart des arbres fruitiers peuvent paraître un peu ternes au fil de la saison et je m'assure par conséquent de les accompagner de quelques plantes grimpantes annuelles et d'autres plantes colorées pour attirer le regard. Les myrtilles arbustives (*Vaccinium corymbosum*) font partie des rares fruits arbustifs qui poussent en pot et, bien qu'autofertiles, elles donnent de meilleures récoltes si deux variétés fleurissent simultanément pour se reproduire par pollinisation croisée.

❶ *Borago officinalis* (bourrache)

❷ *Melothria scabra* (cucamelon)

❸ *Solanum lycopersicum* 'Tumbling Tom Red' (tomate)

❹ *Vaccinium corymbosum* (myrtille)

❺ *Cucurbita* (courge) en fleurs

❻ *Phaseolus coccineus* 'Hestia' (haricots d'Espagne nains)

❼ *Solanum melongena* 'Baby Rosanna' (aubergine)

❽ *Daucus carota* subsp. *sativus* 'Rondo' (carotte)

❾ *Beta vulgaris* subsp *vulgaris* (betterave commune)

❿ *Capsicum annuum* 'Super Chilli' (piment fort d'ornement/comestible)

1

2

ΕΛΙΕΣ
3

4

5

6

7

8

9

10

GROW BEAUTY INSPIRE NOURISH

CHOISIR LE POT PARFAIT

Tout objet creux capable de contenir une plante et de laisser s'écouler l'eau constitue potentiellement un pot. Les possibilités de recyclage et de réutilisation font vagabonder l'imagination, tandis que la variété des pots réalisés à cet effet est époustouflante. Les récents progrès de la fabrication ont considérablement élargi la gamme des options esthétiques, durables et abordables.

L'apparence joue généralement un rôle primordial dans le choix des pots, et il y en a pour tous les goûts. Au fil du temps, j'ai constitué une collection éclectique dans tous les matériaux, dont de nombreuses pièces sont précieuses et irremplaçables. La plupart sont intentionnellement assez sobres, bien que rehaussés par la patine que leur confèrent les intempéries et le temps. Leurs formes bien définies et leurs dessins discrets leur permettent de cohabiter harmonieusement dans des environnements très différents. La taille et les proportions sont également des critères d'achat importants. Sur une vaste étendue de pavage, un groupe de petits pots produit peu d'effet, alors qu'un ou plusieurs pots beaucoup plus grands assurent une véritable présence. Il n'est pas nécessaire que les petits espaces soient uniquement occupés par des pots de taille réduite : une grande jardinière décorative peut produire beaucoup d'effet dans une cour modeste.

Lorsque l'espace est restreint, comme dans un jardin sur le toit ou sur un balcon, des pots carrés ou rectangulaires qui peuvent être soigneusement accolés les uns aux autres représentent un choix judicieux. Le poids est également un facteur à prendre en compte pour des jardins sur le toit et pour les pots que vous déplacez souvent. Pensez également au temps que vous pouvez consacrer à l'entretien. Les grands pots s'assèchent moins vite, il est donc judicieux de ne pas choisir trop de petits pots, à moins que vous ne puissiez vous en occuper presque tous les jours ou qu'ils contiennent des plantes tolérantes à la sécheresse. Évaluez toujours la facilité avec laquelle vous pouvez vider un pot pour le replanter : ceux resserrés en haut compliquent la tâche lorsqu'il s'agit d'enlever des arbustes et conviennent mieux aux plantations à court terme.

Les pots sculptés en matériaux de qualité supérieure coûtent très cher, mais vous n'êtes pas obligés de vous ruiner. Certains de mes pots les plus fréquemment utilisés ne coûtent que le courage qu'il a fallu pour les sauver, avec permission, des bennes. Mais, sauf accident, vous pourrez conserver les pots de qualité toute votre vie et ainsi largement les rentabiliser.

Les pots se déclinent sous toutes les formes et toutes les tailles, et la gamme de styles et de matériaux s'élargit sans cesse. Cherchez ceux qui correspondent le mieux à vos goûts et à votre jardin.

Quel pot ?

TERRE CUITE

Approuvée universellement par les cultivateurs depuis de nombreux siècles, l'argile est le matériau universel, issu de la terre, le plus largement utilisé pour fabriquer des pots de jardin ornementaux. La couleur et la finition varient en fonction du lieu, du procédé et du type d'argile utilisés pour leur fabrication, et cette variabilité fait partie des nombreux charmes de la poterie. La terre cuite de couleur brunâtre est de loin la plus appréciée et la plus résistante aux intempéries pour l'extérieur. Ses tons chauds s'harmonisent avec n'importe quelle plante sans exception.

La majorité des pots en terre cuite en vente dans les jardineries sont formés à moindre coût dans des moules, mais on trouve aussi des pots artisanaux fabriqués à la main. Bien que relativement coûteux, ils constituent de véritables trésors et des incontournables. Certains de mes propres pots en terre cuite les plus insolites ne sont plus en vente depuis que je les ai achetés et j'en prends grand soin. En raison de la variété quasi infinie de formes, de tailles et de styles – de la plus romantique à la plus simple – qui peuvent être façonnés dans l'argile, il existe certainement un pot en terre cuite pour chaque espace extérieur. Par conséquent, les pots en terre cuite figurent parmi les pots de jardin les plus populaires, les plus fiables et sont ceux qui s'intègrent le plus facilement dans le décor. Ce sont certainement ceux que j'utilise avec le plus de constance parmi mes propres pots et ils constituent généralement mon premier choix lorsque je cherche un foyer pour de nouvelles acquisitions précieuses. Au moins 60 % des pots que je possède sont en argile.

Légèrement altérée par les intempéries, la terre cuite recouverte de lichen a du caractère et est très belle en soi. La poterie vieillit à des rythmes différents, selon sa consistance, la façon dont elle a été cuite et sa finition : les surfaces plus rugueuses subissent généralement une transformation plus rapide. D'après mon expérience, la façon la plus efficace d'accélérer le processus n'est pas de badigeonner vos pots de yaourt, mais – garnis ou non – de les remplir de terreau et de les maintenir humides. Même lorsqu'ils ne sont pas utilisés pour abriter des plantes précieuses, les petits pots en terre cuite se prêtent à une disposition artistique, alignés ou empilés ou peuvent être remplis d'autres matériaux, comme des galets ou des pommes de pin.

Parmi les avantages pratiques de la terre cuite, on peut citer le fait que sa porosité permet aux racines des plantes de recevoir suffisamment d'oxygène pour se développer sainement et rapidement, et qu'elle contribue à réguler la température de manière à ce que le système racinaire soit maintenu au frais en été et isolé en hiver. En revanche, le terreau des pots poreux se dessèche plus rapidement que celui des pots en matériaux imperméables. Pour contrer ce phénomène, on peut tapisser les côtés (mais pas le fond) de sacs de terreau usagés.

Le goût personnel influence fortement tout achat, mais achetez toujours des pots en terre cuite de la meilleure qualité que vous pouvez vous permettre et vérifiez qu'ils résistent au gel. Dans les régions exposées au gel, les pots bon marché ne passent généralement pas l'hiver en extérieur alors que les bons spécimens, cuits à haute température, durent indéfiniment. J'ai appris à mes dépens la fausse économie de l'achat de pots bon marché que la maladresse ou les intempéries abîment très rapidement.

La terre cuite est le matériau le plus utilisé pour les pots de plantes ornementales et ce depuis des siècles. Dans la terre cuite, toutes les plantes sont mises en valeur, sans exception.

DE BEAUX POTS

En hiver, l'attrait esthétique du bac lui-même devient encore plus pertinent, car il est moins susceptible d'être camouflé par une profusion de pousses comme en été. Choisissez un ou plusieurs pots particulièrement beaux ou intéressants qui vous assureront déjà la moitié de la réussite de votre aménagement.

En général, je recommande d'utiliser des pots de 40 cm de diamètre ou plus pour les aménagements d'hiver. En effet, plus il y a de terreau, moins il risque de geler. Lorsque les racines et le terreau gèlent, les plantes ne peuvent pas absorber l'humidité et sur une longue durée, elles en souffrent. C'est particulièrement vrai pour les persistantes, qui ne peuvent alors pas remplacer l'humidité qu'elles continuent de perdre par leurs feuilles. Vous pouvez toujours utiliser des pots plus petits, mais garnissez-les de plantes extrêmement robustes, placez-les dans les endroits abrités et protégez-les au milieu de plantes plus grandes.

LE BOIS

Facile à travailler et (lorsqu'il est obtenu à partir de sources éthiques) durable, le bois est un matériau agréable qui permet d'obtenir une variété d'aspects depuis le formel sobre au détendu naturel. Les caisses en bois « château de Versailles » (ou « à l'italienne »), élégantes et ornées de fioritures, que l'on voit le plus souvent jumelées symétriquement dans les grandes entrées et abritant des topiaires, sont extrêmement majestueuses. Les demi-tonneaux rustiques et spacieux sont plus humbles; les plus grands offrent un habitat raisonnable à moyen terme pour les petits arbres et les grands arbustes. Je n'aime pas particulièrement l'un ou l'autre, mais je possède plusieurs jardinières et caisses en bois qui sont souvent replantées et qui occupent une place de choix. Je préfère une finition patinée à une peinture soignée, bien que les peintures écologiques pour bois de jardin offrent un moyen rapide et amusant de transformer des articles rudimentaires ou fatigués.

Les jardinières en bois peuvent être construites sur mesure (ou faites maison) pour s'adapter à des espaces difficiles d'accès, ce qui constitue un avantage majeur. Les bacs fabriqués à partir de bois dur raboté sont raffinés et ingénieux, mais ils ne pourront que difficilement être déplacés. Les bacs assemblés à l'aide de panneaux de porte, de planches ou de plinthes récupérés et présentant des couches de peinture écaillée rappellent le style shabby chic, tandis que le bois argenté ou blanchi évoque le bord de mer. Les plates-bandes surélevées, qui sont en fait de grandes jardinières non transportables à fond ouvert, se fabriquent facilement en bois, qu'il s'agisse de simples planches, de rondins de bois portant encore de l'écorce ou de grosses traverses de chemin de fer.

CI-DESSUS À DROITE Les tubes en bambou permettent d'exposer des plantes et des retombantes de petite taille et peuvent être placés dans des zones décontractées.

À DROITE Les vieilles caisses en bois ont une forme et une taille idéales pour présenter des plantations mixtes de plantes saisonnières, notamment des légumes et des herbes.

Leur durée de vie limitée et les soins nécessaires pour les maintenir en état aussi longtemps que possible constituent l'inconvénient majeur des bacs en bois. Un traitement régulier avec un produit de préservation du bois ou un vernis respectueux des plantes prolonge leur durée de vie, tout comme un revêtement en polyéthylène ou même en caoutchouc butyle, mais veillez à percer de nombreux trous de drainage.

LE MÉTAL

Qu'il soit coulé, pressé, plié ou soudé, le métal, en tant que matériau pour les pots, offre aux jardiniers une variété de possibilités distinctes: certains sont fragiles et légers, d'autres durables et vraiment lourds. Les jardinières décoratives en plomb, les chaudrons en cuivre et les urnes en fonte perpétuent la tradition, tandis que la tôle d'acier permet de fabriquer des produits précis, actuels et même futuristes. Enfin, on trouve des produits agricoles et industriels robustes, tels que des mangeoires et des réservoirs d'eau galvanisés.

Les bacs métalliques contemporains sont plus adaptés au feuillage qu'aux fleurs et leur usage est limité. Ils sont plus utiles lorsqu'ils sont réalisés sur mesure pour compléter un aménagement architectural et intégrés comme éléments permanents. L'acier inoxydable et l'aluminium conservent leurs qualités réfléchissantes à long terme et méritent ainsi d'être pris en considération pour les zones sombres. L'acier galvanisé se ternit jusqu'à un gris doux et se fond dans n'importe quel paysage. En raison de l'oxydation, de nombreux autres métaux deviennent de plus en plus séduisants avec le temps: le vert-de-gris se forme sur le cuivre et le fer rouille. Le Corten ou l'acier « patiné » prend la même couleur chaude que la terre cuite, grâce à une couche de rouille qui se développe sur sa surface brillante quelques jours après avoir été exposée à l'air et à l'humidité. Les bacs couverts de poudre de zinc, facilement disponibles, constituent un choix léger et peu coûteux. D'après mon expérience, ils rouillent en quelques années (c'est pourquoi mieux vaut ne pas les surcharger, comme je l'ai déjà fait) et ils ne sont certainement pas assez robustes pour servir d'habitat à long terme à des bambous ou des plantes à feuilles persistantes.

Plus que d'autres substances, les métaux soumettent les racines des plantes à des températures extrêmes. Pendant les journées les plus chaudes et en plein soleil, elles chauffent considérablement, ce qui peut endommager les racines délicates et assécher le terreau. De même, en hiver, le métal n'offre que peu d'isolation contre le gel. Le revêtement des parois intérieures avec des chutes de tapis ou des sacs en toile de jute (bien que cela ne dure qu'une saison) permet de remédier un peu au problème.

CI-DESSUS À GAUCHE Le Corten ou l'acier « patiné » développe une couche de rouille décorative et protectrice quelques jours seulement après avoir été exposé à l'air et à l'humidité.

À GAUCHE La gamme de bacs en métal varie de la version vintage très stylé (comme ici) à la version hautement perfectionnée et ultramoderne.

LA PIERRE, LA PIERRE RECONSTITUÉE ET LE BÉTON

Les pots sculptés dans des blocs de pierre naturelle taillés sont impressionnants, architecturalement plaisants et empreints d'un air de permanence. Dans un cadre grandiose, ils sont magnifiques, bien qu'ils soient malheureusement bien au-delà de certaines bourses et de la plupart des jardins. Mais qui en a besoin lorsque des solutions de remplacement infiniment plus abordables, réalisées à partir de pierre reconstituée (en particulier le béton), sont presque impossibles à distinguer? Les vieux éviers en pierre authentique sont très recherchés et constituent un habitat parfait pour les plantes alpines délicates; ils peuvent également être reproduits de manière convaincante en utilisant un mélange de coir (fibre de noix de coco), de sable et de ciment appelé « hypertufa ».

Grâce à leur aspect architectural soigné et aux finitions haut de gamme qui peuvent être réalisées, les pots en béton gagnent en popularité. Certains pots en béton armé s'apparentent à des sculptures et ce matériau permet de réaliser des produits chics. Le béton poli offre une surface séduisante qui s'intègre aussi bien dans un cadre moderne que traditionnel.

Les jolies jardinières en marbre poli et les cubes de granit, agréables au toucher, conviennent aux plantations et aux décors sobres, mais sont évidemment très chers. On trouve toutefois de très bonnes imitations: disponibles dans des nuances de gris, rose, vert et blanc, les jardinières en terrazzo sont composées de fragments de pierre fixés dans de la résine et polis pour obtenir un aspect granit. Fabriqués dans des moules, il en existe toute une gamme variée et notamment des sphères. Le terrazzo est une alternative robuste au marbre, beaucoup moins onéreuse. Leurs lignes pures et lisses de ces terrazo sont particulièrement adaptées aux jardins contemporains, bien que les miennes s'intègrent très bien aux pots plus traditionnels de ma collection.

Les bacs en pierre ou en béton sont par nature durables et résistants aux intempéries. Le poids est leur principal inconvénient: soulever même les plus petits modèles peut relever du défi. Placez-les avec soin pour qu'ils n'aient pas besoin d'être déplacés trop souvent, voire pas du tout!

POTS ÉMAILLÉS

Les pots en faïence émaillés décoratifs restent des incontournables. Ils bénéficient d'un excellent rapport qualité-prix, car ils sont produits en très grand nombre (ce qui permet de réduire les coûts) et résistent aux intempéries (ce qui leur assure une longue durée de vie). Leur gamme de couleurs dépasse celle de tous les autres pots, la palette est absolument époustouflante. Contrairement à la terre cuite, au bois ou au métal, ils ne changent pas d'aspect ni de couleur avec le temps (bien que le vernis lui-même puisse craqueler) et s'essuient facilement: idéal pour ceux qui n'aiment pas la patine ou le lichen.

CI-DESSUS À DROITE Les jardinières en béton armé à la mode sont souvent de beaux éléments architecturaux.

À DROITE Les pots émaillés durables sont disponibles dans une grande variété de couleurs et de finitions.

Nombre de mes pots émaillés m'accompagnent depuis plus de trente ans et je continue de les adorer, même si je me suis rapidement lassé de certains à cause de leur couleur. Je vous invite à faire preuve de prudence dans le choix des couleurs, car certaines des nuances les plus vives attirent trop l'attention pour être associées. En raison des conflits de couleurs potentiels, elles peuvent également restreindre à la fois la gamme de plantes que vous pouvez y faire pousser et les endroits où vous pouvez les utiliser. Les pots émaillés bicolores ou multicolores peuvent paraître très beaux vides, mais se révéler trop distrayants ou ne pas du tout convenir à vos plantations les plus simples. Les couleurs simples sont les plus fiables sur le plan visuel, tandis que les nuances neutres offrent les plus grandes possibilités de plantation et sont les plus faciles à placer et à déplacer. Tous les pots que j'ai conservés longtemps présentent des nuances de vert ou de marron. Les couleurs pâles conviennent bien aux zones ombragées et ternes, tandis que les couleurs foncées peuvent prendre un aspect assez sombre et doivent être associées aux bonnes plantes dans un endroit clair pour un rendu optimal.

Comme l'émail scelle la surface de ces pots, ils sont en grande partie non poreux et sèchent par conséquent moins rapidement que les faïences non émaillées et si vous colmatez leur fond à l'aide de silicone vous obtiendrez des récipients à eau.

POTS IMPROVISÉS

Toutes sortes d'objets peuvent faire office de pots pour vos plantes. La quête d'improbables récipients pour accueillir des plantes met notre inventivité à l'épreuve, stimule l'imagination et est à la fois amusante et satisfaisante. L'un des avantages évidents tient au fait que, recyclés, récupérés ou réutilisés (ou les trois), les récipients improvisés sont généralement gratuits ou peu coûteux. Certains nécessitent une adaptation et l'ajout de trous de drainage, tandis que d'autres sont prêts à l'emploi. Seaux, poubelles, casseroles, boîtes de conserve, arrosoirs, théières, passoires, caisses, bassines, toilettes, citernes, vieilles bottes et même des chutes de tuyaux en métal ou en plastique figurent parmi les objets les plus faciles à transformer en résidences feuillues ou fleuries. Certains, tels que les paniers et les boîtes en osier, ne dureront peut-être qu'une ou deux saisons, mais d'autres, dont l'utilisation dans leur rôle initial devait perdurer, notamment les bassines en étain, les poubelles et les bidons de lait, vous accompagneront de nombreuses années dans leur nouvelle fonction. Certaines trouvailles sont inévitablement plus réussies et plus intéressantes que d'autres et si les réceptacles les plus farfelus – je pense aux voitures et aux machines à laver de grande taille – ne laissent pas indifférent, les plus subtils sont plus faciles à intégrer et à apprécier sur le long terme.

Les objets métalliques anciens, notamment les bouilloires en cuivre (accrochées aux arbres, elles apportent une touche d'humour) et les seaux

CI-DESSUS À GAUCHE et À GAUCHE Les boîtes de conserve recyclées, petites ou grandes, sont des foyers originaux et peu coûteux pour les plantes. Si on en prend soin, elles peuvent durer plusieurs saisons avant de finir par rouiller.

à charbon en laiton peuvent être achetés à un prix étonnamment bas lors de ventes aux enchères, tout comme les objets agricoles de récupération, tels que les mangeoires et les seaux galvanisés. Les palettes en bois de fabrication artisanale utilisées pour le transport des pavés sont idéales pour les arbres ou pour les mini-parcelles surélevées, et les caisses en bois sont toujours utiles. Il suffit de garder les yeux et l'esprit ouverts!

IMITATIONS ET SYNTHÉTIQUES

Pour la plupart d'entre nous, les bacs charismatiques en plomb ou en cuivre coûtent trop cher. Heureusement, vous pouvez en apprécier l'aspect sans vous ruiner en utilisant des imitations convaincantes à base de matériaux artificiels (comportant même une usure factice), tels que la fibre de verre ou la résine. Une fois garni, il n'est pas particulièrement facile de distinguer l'article authentique de la copie, et j'ai plusieurs bacs imitation plomb qui sont en service fidèle depuis plus de vingt ans; ils trompent régulièrement les visiteurs. Les imitations en plomb sont élégantes et respirent la tradition, mais elles s'installent confortablement dans un cadre contemporain – peut-être en raison de leurs couleurs et de leurs motifs géométriques formels. Les bacs en fibre de verre sont imperméables et sont souvent dépourvus de trous de drainage prépercés: ils peuvent donc être instantanément transformés en mini-bassins attrayants. Légers, les conteneurs en fibre de verre sont idéaux pour les balcons, mais, bien qu'ils soient résistants aux intempéries et durables, leur surface se raye facilement et il convient de les placer dans des endroits protégés. Certaines des offres bon marché sont moins crédibles et ne conviennent vraiment pas à de superbes plantes, alors n'achetez que celles qui vous séduisent pour leur parfaite imitation.

Ces dernières années, la demande des consommateurs a entraîné le développement de matériaux plus respectueux de l'environnement, notamment la fibre d'argile, qui est un mélange d'argile et de pâte de bois. Elle peut être moulée dans n'importe quelle forme, avec une finition qui imite authentiquement presque tous les matériaux, de l'ardoise à l'acier patiné, et les pots produits à partir de cette argile restent abordables. La fibre d'argile est considérablement plus lourde que la fibre de verre et est donc très solide, mais tout aussi facilement rayable et s'ébrèche si on la laisse tomber. Bien que leur longévité et leur durabilité continuent de s'améliorer à mesure que de nouvelles formules et de nouveaux procédés sont mis au point, selon mon expérience, les conteneurs en fibre d'argile ont une durée de vie limitée (plusieurs années), alors ne vous en remettez pas entièrement à eux. La fibre de pierre à base de poudre de pierre dure en moyenne deux fois plus longtemps.

PLASTIQUE ET CAMOUFLAGE

Les pots en plastique sont résistants, peu coûteux, durables et légers et, de ces points de vue, apparaissent comme une solution satisfaisante et pratique. Lorsque l'esthétique n'est pas l'objectif premier, comme pour les cultures vivrières, cette substance imperméable offre une option très judicieuse, d'autant plus qu'elle entraîne également un assèchement moins rapide du terreau que la plupart des autres matériaux. Sur le plan environnemental et esthétique, cependant, le plastique est peu souhaitable et nous sommes de plus en plus encouragés à limiter son utilisation dans

PLASTIQUE NOIR ET RECYCLAGE

Sans l'avènement des pots en plastique, nous ne jouirions pas de la grande commodité moderne qui consiste à acheter des plantes de toutes tailles en pleine croissance, à n'importe quel moment de l'année. Les racines des plantes ont besoin de rester à l'abri de la lumière pour bien se développer et il a été prouvé que les pots noirs constituent la solution optimale; plusieurs milliards ont été fabriqués au cours des dernières décennies. Mais les possibilités de les recycler ont toujours été insuffisantes, ce qui a créé un énorme problème environnemental. Partout dans le pays, les hangars et les garages sont remplis de pots en plastique usagés difficiles à recycler et j'ai souvent dû refuser poliment les « dons » d'amis et de voisins. Les fabricants ont eu du mal à trouver une alternative, car d'autres substances plus respectueuses de l'environnement se sont révélées trop onéreuses, trop fragiles ou moins efficaces pour la culture de spécimens résistants et sains. Cependant, il y a enfin un espoir de solution, car les pionniers de l'industrie pépinière passent à des pots de couleur taupe conçus pour être plus facilement recyclables, mais qui, à l'essai, ont quand même produit des plantes de première qualité. Les choses bougent.

nos jardins et ailleurs. Les tentatives des fabricants de plastique d'imiter des matériaux comme le bois, la pierre et la terre cuite sont souvent grossières et même plus laides que le plastique qui ne prétend pas être autre chose que ce qu'il est. Cela dit, ce matériau trouve sa place dans de nombreux jardins, même de manière décorative. Les bacs à plantes en plastique (ou bacs Gorilla ®), percés de trous pour le drainage, constituent d'excellentes jardinières pour les enfants, d'autant plus qu'ils sont disponibles dans de nombreuses couleurs vives et différentes tailles et que leurs poignées les rendent faciles à soulever. Pour des raisons de poids ou d'économie, les bacs en plastique apparaissent parfois comme l'unique solution et, lorsque cela est nécessaire, il est facile de les mettre en valeur ou de les camoufler.

Les grands pots en plastique noir avec poignées, comme ceux utilisés par les pépinières pour la culture de plantes spécimens, permettent d'abriter des (petits) arbres et arbustes et sont beaucoup plus faciles à déplacer que les pots en terre cuite, en métal ou en bois de même capacité. On peut les masquer en disposant d'autres pots autour d'eux ou en les entourant de tubes de roseaux, de saules ou de bambous. Les petits pots en plastique peuvent être camouflés de différentes manières, allant de l'enroulement avec de la corde ou de l'emballage dans un sac en toile de jute à leur insertion dans des boîtes en bois. Comme ils s'enlèvent facilement, les pots en plastique sont également utiles pour empoter des plantes temporaires et les placer dans des pots plus décoratifs.

Les pots en plastique, laids, mais efficaces et légers, peuvent être camouflés de toutes sortes de façons créatives et peu coûteuses. Il est possible d'utiliser des tuiles d'ardoise, de minces pavés ou des morceaux de bois de récupération (tels que des plinthes, des planches de plancher ou des planches d'échafaudage) vissés ou collés pour créer des boîtes dans lesquels les insérer, seuls ou à plusieurs.

CI-DESSUS À GAUCHE Des paniers en fil de fer remplis de galets et dotés d'un vide central permettent de placer les plantes encore dans leur pot de jardinerie d'origine pour un effet instantané, et de les échanger facilement lorsqu'elles commencent à dépérir.

À GAUCHE Ici, quatre tuiles d'argile assorties créent un tour de pot au charme rustique. Elles reposent solidement sur des surfaces planes et, simplement reliées par un fil, peuvent se démonter facilement.

RÉUSSIR SA PLANTATION

PLANTER

La voie vers des pots végétalisés florissants implique une préparation minutieuse, des composants de qualité et un suivi rigoureux. Il n'y a rien de difficile ou de mystérieux à faire pousser des plantes en pots et une fois que vous avez saisi les bases, les aspects plus pointus du sujet suivront sans problème. Il vous suffit de le faire. Au minimum, il vous faut une plante, un pot choisi en fonction de sa taille et de son potentiel de croissance, et du terreau frais. Plus un peu de votre temps, bien sûr. C'est ainsi que j'ai commencé : ce rhododendron rouge, un pot en plastique « décoratif » et un sac de compost éricacé. Des arrangements plus complexes consistent à associer des plantes qui cohabitent en harmonie dans le même pot à la fois sur le plan esthétique et sur celui de leurs besoins d'entretien et de leur vitesse de croissance. Une fois plantées, il s'agit d'arroser aussi souvent que nécessaire et, moins fréquemment, de nourrir et de soigner les plantes.

Lorsque vous avez rassemblé tout ce dont vous avez besoin, vous êtes prêt à vous adonner au plaisir intense que procure la plantation. Il ne faut pas se précipiter. Je me surprends parfois à bavarder (pas trop fort!) avec les plantes pendant que je les mets en pot et je leur souhaite une vie longue et prospère. Bien que certaines considérations initiales puissent différer selon que vous plantez à long ou à court terme, la méthode réelle de plantation en pot est la même quelle que soit sa taille, sa forme ou son matériau et quelles que soient les plantes que vous cultivez. La seule variable significative est la quantité et la configuration des plantes elles-mêmes. Ce chapitre couvre le côté pratique du jardinage en pot et vise à vous aider à comprendre les besoins de vos plantes pour qu'elles s'épanouissent. Il vous apportera également des conseils quant à la manière de réaliser des arrangements à leur meilleur potentiel.

PHOTOS DE RÉFÉRENCE

Bien que le jardinage soit une activité qui nous aide à nous détacher de la technologie, un certain avantage des appareils photo des téléphones portables est la facilité avec laquelle vous pouvez prendre des photos de tout et de rien, n'importe où. J'ai maintenant l'habitude de prendre des photos de pots immédiatement après la plantation et à différents stades du développement des plantes. En regardant les images, on prend conscience de l'évolution de la croissance de certaines plantes au cours d'une saison. Que quelques formes vertes dans un pot puissent très rapidement se transformer en une masse de couleur séduisante ne cesse de m'étonner. Pendant les mornes journées d'hiver, regarder les clichés apporte un certain tonus et ceux-ci se révèlent inestimables à l'heure d'élaborer des plans créatifs pour la saison végétative à venir. Ils nous rappellent les plantations réussies à renouveler et celles moins glorieuses à modifier ou à éviter à l'avenir. Je reprends certaines des compositions réussies presque chaque année, mais l'expérimentation et l'essai de nouvelles associations de plantes font partie de ce qui rend le jardinage en pot tellement enivrant.

PAGES 142 & 143 Avec une préparation minutieuse et quelques soins de routine, on peut persuader toutes sortes de plantes de se mettre en valeur dans des pots, des herbes rustiques aux tendres plantes grimpantes. Ici, thunbergia, hakonechloa et pennisetums s'entremêlent de manière informelle.

À GAUCHE Planter

Le terreau

Les plantes puisent toute l'eau et tous les nutriments nécessaires à une croissance saine, quel que soit le milieu dans lequel elles sont plantées et il est par conséquent logique d'utiliser un terreau optimal. Un mélange idéal comprend des particules fines avec des matériaux beaucoup plus grossiers pour obtenir un substrat bien aéré et bien drainé, mais qui retienne suffisamment l'humidité (et idéalement les nutriments). La qualité des supports de culture dépend de leurs ingrédients bruts et d'un mélange final bien équilibré. Mon expérience des produits les moins chers a rarement été heureuse que ce soit pour mes plantes ou pour moi-même et j'ai appris qu'il est préférable de mettre le prix pour plus de qualité.

Un pot rempli de terreau est un environnement artificiel où l'écologie complexe et l'activité microscopique présentes dans le sol sont fortement réduites, voire absentes. Naturellement, cette absence de vie présente à la fois des inconvénients et des avantages. À l'achat, les terreaux sont dépourvus de micro-organismes et d'invertébrés, tels que les vers de terre, qui aident à aérer le sol et à maintenir sa structure. Ils contiennent également peu de nutriments et d'oligo-éléments, qui doivent donc être reconstitués manuellement. D'un autre côté, le terreau traité doit être exempt des parasites et maladies potentiels du sol qui sont la raison pour laquelle il est déconseillé d'utiliser de la terre de jardin (à moins qu'elle ne soit stérilisée) dans les pots. Et il est bien plus facile de mélanger du terreau préparé sur mesure pour satisfaire une plante particulière que de modifier les caractéristiques de votre sol.

Les substrats de culture exclusifs peuvent être divisés en deux groupes principaux : à base de terre (ou d'argile) et sans terre. Les terreaux composés principalement d'argile stérilisée contiennent généralement aussi du gravier ou du sable et imitent les sols riches des jardins. Cependant, ils sont très lourds (bien qu'idéaux pour équilibrer les plantes de poids conséquent comme les arbres) et ont tendance à durcir, ce qui peut entraver l'arrosage. Pour ces raisons, je n'utilise jamais de terreau à base de terre pur.

Les terreaux sans terre sont relativement légers et friables, mais, à moins d'être mélangés à un agent mouillant (parfois inclus dans des mélanges exclusifs) ou à des granulés retenant l'humidité (voir Arrosage, page 158), ils sont souvent difficiles à réhumidifier s'ils se dessèchent complètement, ce qu'ils ont tendance à faire. J'ai pour habitude de n'utiliser du terreau sans terre que pour les compositions d'une seule saison. Pour tout ce qui concerne le long terme, comme beaucoup d'autres jardiniers expérimentés, je mélange du terreau sans terre breveté avec un produit à base de terre fiable et je trouve cela bien plus satisfaisant que l'un ou l'autre tout seul. La proportion de chacun dépend des plantes. Comme les terreaux sans terre se dégradent plus rapidement et que les terreaux se caractérisent par une meilleure rétention des nutriments, j'augmente la quantité de terreau pour les plantes que je prévois de conserver dans le même pot pendant plusieurs années, mais jamais à plus de 50 %. Je recycle également le terreau usagé, soit en le mélangeant à du terreau frais, soit dans la moitié inférieure de grands bacs, et je n'y vois aucun inconvénient, à condition qu'il n'abrite pas de parasites (comme les larves de charançon de la vigne) ou de maladies fongiques comme le mildiou.

PERSONNALISER SON TERREAU

Les terreaux « prêts à l'emploi » sont généralement des terreaux « universels » (également appelés « généraux » ou « tout usage ») ou des mélanges très spécialisés vendus en petites quantités à des prix élevés. Les terreaux universels sont facilement adaptables à des plantes spécifiques et il est rentable d'acheter ces ingrédients séparément et de les mélanger soi-même. L'ajout de copeaux d'écorce ou de perlite améliore la structure et l'aération ; le mélange de grains facilite le drainage ; et il existe divers engrais et oligo-éléments supplémentaires pour les plantes de longue durée, telles que les arbres et les arbustes. Il existe également des aides à l'arrosage qui peuvent être incorporées lors de la mise en pot (voir Arrosage, page 158).

TESSONS DE POTS OU NON ?

Des essais récents ont révélé que la pratique traditionnelle consistant à ajouter une couche de matériaux très grossiers, tels que des tessons de pots, au fond des pots ne favorise pas particulièrement le drainage, comme on le croyait auparavant. J'ai moi-même longtemps hésité à utiliser des tessons parce qu'ils peuvent bloquer des trous de drainage essentiels (ce qui conduit à l'engorgement), ainsi que créer des cachettes parfaites pour les limaces, les cloportes et les charançons adultes de la vigne. Cependant, la plupart des grands pots ont des trous de drainage larges ou multiples et, à moins d'une restriction quelconque, une partie du terreau passera inévitablement au travers à chaque fois que vous arroserez. La meilleure solution que je connaisse consiste à disposer stratégiquement quelques grands tessons (les pièces courbes sont idéales) les uns sur les autres au-dessus des trous. L'utilisation ou non de ces tessons est donc vraiment une question de choix, de bon sens et de préférence personnelle. À présent, je casse en petits morceaux l'excès de morceaux de terre cuite qui, autrefois, passaient toujours sous le terreau, et je l'utilise comme paillis de surface. Leurs bords tranchants constituent un obstacle pour les escargots, mais il faut faire attention lors de leur manipulation.

Même en cette époque de conscience environnementale et malgré le fait qu'il s'agisse d'une ressource précieuse non renouvelable, la majorité des terreaux sans terre contiennent encore un pourcentage élevé de tourbe. Car même si un large éventail de solutions de remplacement cent pour cent viables a été testé, la tourbe est tout simplement une excellente substance pour la culture des végétaux. C'est pourquoi, en cette période de transition, de nombreuses entreprises proposent un compromis sous la forme de produits « à teneur réduite en tourbe ». Nous devons néanmoins trouver rapidement une solution pour nous passer entièrement de la tourbe et cesser de détruire les merveilleux paysages fragiles dont elle est issue.

Les terreaux sans tourbe actuellement disponibles (à part ceux à base d'argile) sont composés de matières organiques mélangées. Il peut s'agir de coir (fibre de noix de coco), d'écorces compostées, de copeaux de bois et de déchets verts en général. De plus petites quantités de matières inorganiques telles que du gravier, de la perlite (verre volcanique léger expansé) ou de la laine minérale peuvent également être incorporées. Certains fabricants sont réticents à dévoiler le contenu, mais je tiens toujours à savoir ce que j'utilise et j'ai davantage confiance en ceux qui affichent ouvertement leurs ingrédients. Même avec certains des substituts de la tourbe de longue date, comme le coir, la question du commerce équitable et de l'empreinte carbone se pose, de sorte que les producteurs de terreau sont continuellement poussés à rechercher davantage de matériaux « locaux ». Un fabricant que j'ai rencontré produit un terreau à base de fougères comprenant également de la laine de mouton, qui fournit de l'azote et favorise la rétention d'humidité.

Le terreau universel que j'ai récemment adopté, et que je trouve très prometteur, contient un mélange d'écorce fine, de fibres de bois et de coir, enrichi d'argile et d'engrais. Il est approuvé par la Société royale d'Horticulture (RHS) et convient à la majorité des plantes. Les principales exceptions sont les rhododendrons acidophiles et leurs semblables, qui exigent une formule éricacée.

Arbres et arbustes à long terme

Lorsque l'on fait pousser des arbres, des arbustes et d'autres plantes à durée de vie relativement longue en pot, l'objectif est en général de les conserver pendant plusieurs années. Il est préférable de les mettre en pot individuellement (ou s'ils poussent très lentement, on peut planter plusieurs espèces d'une seule variété) plutôt que de les mélanger dans le même bac, comme vous le feriez pour des plantes de courte durée. Plusieurs arbustes m'accompagnent depuis au moins dix ans et ils restent des incontournables de mes compositions en pot. En tenant compte de cette longévité espérée, veillez aux critères de pérennité suivants avant de les empoter.

Tout d'abord, choisissez votre pot avec soin. Assurez-vous qu'il est solide (un pot s'est brisé juste au moment où je finissais la plantation !) et qu'il est de taille appropriée : la plupart des plantes pérennes nécessitent un pot de dimensions généreuses et un rempotage trop fréquent n'est pas souhaitable pour les grands spécimens. Pensez également à ne pas choisir un pot qui se resserre à l'ouverture sans quoi vous risquez de ne pas pouvoir libérer un arbuste devenu trop grand sans l'endommager ou endommager son contenant. Je suis passé par là ! J'ai transféré beaucoup de mes propres arbustes dans un pot plus grand au moins une fois dans leur vie, bien que j'en ai placé quelques-uns rapidement dans de très grands pots et qu'ils y soient restés. Il n'y a pas de règle générale pour déterminer la taille du pot dont vous avez besoin, si ce n'est de demander conseil lors de l'achat, car les tolérances et les taux de croissance des plantes varient considérablement. Bien qu'elles puissent paraître un peu perdues au début, il est logique de planter les arbustes à croissance rapide directement dans des pots assez grands. Les plantes à racines fines, comme les camélias et les rhododendrons, risquent de se ternir si elles nagent dans une

INTÉRÊT PERMANENT

Seuls quelques pots suffisent à maintenir aisément votre intérêt tout au long de l'année. Une collection permanente de plantes à feuilles persistantes et d'autres plantes intéressantes qui couvrent une grande partie de l'année constitue également un cadre stable auquel il est possible d'ajouter des plantes plus éphémères. Lorsqu'une plante spécifique à une saison se fane, vous pouvez facilement l'enlever et la remplacer afin que la présentation demeure optimale et que vous restiez actif tout au long de l'année. Vous pouvez augmenter ou diminuer la taille de votre arrangement selon la saison et votre propre calendrier. Les plantes permanentes bien choisies conserveront leur attrait même sans la présence des pots temporaires.

Perçage de trous de drainage

Supports pour pots

PAILLAGE DE LA SURFACE DU POT

Dans les pots, le paillage ou le recouvrement de la surface du terreau avec une couche de matière en vrac, organique ou inerte, constitue avant tout une touche finale très décorative. Concrètement, les paillis favorisent également la rétention de l'humidité, car ils permettent de garder les racines et le terreau à une température plus fraîche et de réduire l'évaporation par temps chaud. Parce qu'il exclut la lumière, un paillis empêche également la germination des graines de mauvaises herbes et facilite l'arrachage de celles qui parviennent à se faufiler. Les paillis décoratifs conviennent principalement aux plantations à long terme où la surface du pot risquerait autrement de ne pas être très esthétique. Dans les plantations plus temporaires, les plantes elles-mêmes remplissent généralement la totalité de l'espace alloué. Pour un aspect coordonné et cohérent, choisissez un matériau qui convient à la fois à la plante et au pot - les galets et les copeaux d'ardoise présentent tous deux une efficacité universelle. Bien qu'elle ne soit pas la plus esthétique, la paille disponible dans le commerce constitue un paillis organique très efficace contre les mauvaises herbes et

exerce un certain effet répulsif sur les limaces et les escargots. Le paillage présente toutefois un inconvénient majeur : comme la surface du terreau n'est plus visible ou facilement accessible, il peut être difficile d'arroser en quantité nécessaire. Si vous n'êtes pas sûre de parvenir à arroser correctement, il convient soit de ne pas utiliser de paillis du tout, soit de le limiter à quelques plantes clés.

cuve de terreau. Pour ces plantes, il est préférable de choisir des pots deux à trois fois plus grands que les pots d'origine de la jardinerie.

Le plus souvent, il s'agit juste d'équilibrer visuellement la plante et le pot afin de préserver les proportions.

Ne plantez jamais une plante dans un pot qui ne contient pas de trous de drainage : choisissez ceux qui disposent d'un grand trou central (30 mm de diamètre) ou de plusieurs petits trous (8 mm), ou percez-les à l'aide d'une mèche adaptée à la matière du pot. Retournez le pot et prenez toutes les précautions nécessaires pour éviter de l'endommager ou de vous blesser. Utilisez une mèche à carrelage pour la céramique et la terre cuite et une meule à rectifier pour agrandir les trous si nécessaire. Idéalement, soulevez également les pots légèrement au-dessus du sol afin qu'il y ait un petit espace entre eux et la surface en dessous. Cela permettra à l'excès d'humidité de s'écouler librement. Utilisez des supports pour pots, des pierres plates, des briques ou des morceaux de bois. Plantez vos plantes dans des grands pots in situ et choisissez bien l'emplacement, car une fois remplis, ils peuvent être très difficiles à manipuler.

Enfin, si vous utilisez un pot poreux comme la terre cuite - et surtout s'il doit être placé dans un endroit exposé ou très ensoleillé où il risque de s'assécher plus rapidement, vous pouvez tapisser les côtés avec un vieux sac de terreau afin de conserver l'humidité. Cela permet également de sortir plus facilement les plantes lors du rempotage.

Et maintenant, vous êtes prêts à planter !

Avec un peu de précautions, *Pinus sylvestnis* 'Chantry Blue' à croissance lente se développera dans un pot de taille moyenne pendant plusieurs années avant de nécessiter un pot plus grand ou de devoir être planté en pleine terre.

Un pot plein de plantes grimpantes d'été

Pour des installations de courte durée ou saisonnières qui resteront des mois plutôt que des années, vous pouvez combiner une variété de plantes dans le même pot et réaliser ainsi un arrangement vivant. Ces plantes forment un ensemble à part entière, mais peuvent également être associées à des pots de plantes de plus longue durée afin de créer une composition plus variée et plus équilibrée. Ici, je plante des thunbergias et *Ipomoea lobata* : ce sont toutes deux des plantes grimpantes à croissance rapide, généralement traitées comme des annuelles (voir également pages 82-83).

❶ Afin que vos plantes puissent se développer sainement, le terreau doit pouvoir être bien drainé, aussi assurez-vous que le fond de votre récipient comporte des trous de drainage adéquats. Lorsque le terreau est gorgé d'eau, les systèmes racinaires risquent d'être endommagés et les plantes devront lutter pour leur survie. Quelques morceaux de terre cuite cassée ou des pierres plates dans le fond empêcheront le terreau de s'écouler. (Voir Tessons de pots ou non ? page 147).

❷ Alors qu'il est préférable de réaliser vos plantations dans des grands pots in situ, les plus petits, facilement transportables, peuvent d'abord être placés dans des endroits protégés avant d'être installés plus en vue. Commencez à remplir les pots avec du terreau, en le tassant doucement au fur et à mesure. Ne tassez jamais trop, car cela expulse l'air et la croissance des racines s'en trouve entravée. Si vous utilisez de petites plantes, comme c'est généralement le cas avec les plantations d'été, remplissez le pot jusqu'à 15 cm du bord supérieur. Vous pouvez toujours ajouter ou retirer un peu de terreau en fonction de la taille de vos plantes. La plupart des terreaux commerciaux ne contiennent que quatre à six semaines d'engrais. Par la suite, c'est à vous de jouer : utilisez un engrais général soluble ou liquide pour l'arrosage, ou lors de la plantation, ajoutez au terreau un engrais à libération contrôlée sous forme de granulés (voir Nutrition, page 160). En même temps, ajoutez des cristaux d'eau (au taux recommandé sur le paquet) - ceux-ci se gonflent d'eau et retiennent l'humidité pour que les racines puissent l'utiliser en cas de besoin (voir Arrosage, page 158).

3 Bien qu'il soit possible d'acheter des supports ornementaux très élaborés pour les plantes grimpantes, comme ils sont généralement cachés, j'opte habituellement pour un simple entrelacement de fines branches de noisetier, de bouleau ou de tilleul (ou, en leur absence, de cannes de bambou). Pour un pot de 50 cm de diamètre, utilisez cinq ou six branches, régulièrement espacées sur le pourtour. Si vous le souhaitez, ajoutez des branches plus fines ou des brindilles ou tissez des tiges souples à l'horizontale pour plus de maintien.

4 Attachez les branches ensemble au sommet avec du jute de jardin ou du raphia. Comme touche finale décorative, en particulier avec les cannes de bambou, je termine par un fleuron sphérique en enroulant étroitement de la ficelle de jardin autour et sur elle-même jusqu'à ce qu'elle forme une jolie boule. Cela prend quelques minutes, mais vous ne le regretterez pas.

5 Arrosez toutes les plantes dans leur pot au préalable : ne les plantez jamais à sec. Disposez les deux types de plantes grimpantes en alternance, en plaçant une plante par montant principal, à quelques centimètres du bord. Surtout si elles sont denses ou enchevêtrées, dégagez une partie des racines pour les encourager à se répandre rapidement dans le terreau frais. Remplissez de terreau supplémentaire (avec les additifs de la troisième étape) de manière à ce que le niveau final se trouve à environ 5 cm sous le bord. Ne remplissez pas trop, car l'eau déborderait au lieu de s'infiltrer jusqu'aux racines. Tassez doucement avant d'arroser abondamment.

6 Entrelacez les tiges avec les supports et, si nécessaire, attachez-les avec du jute ou du raphia ou avec les anneaux des pois de senteur – pour le démarrage. Par la suite, elles grimperont la plupart du temps toutes seules, n'ayant besoin que d'être guidées de temps en temps.

Bain aux plantes !

Avec un peu d'organisation, vous pouvez condenser une sélection d'herbes culinaires qui ravissent les yeux, le nez et les papilles dans un espace de moins d'un mètre carré. La plupart des herbes poussent rapidement et lorsqu'elles sont plantées ensemble elles se font concurrence pour la nourriture et l'eau. En outre, les espèces les moins vigoureuses sont évincées par les plus fortes. Pour donner à chacune une chance équitable, plantez-les individuellement dans des pots en terre cuite de taille variable et disposez-les dans un récipient plus grand. Cette vieille bassine en étain est idéale et m'a servi de jardin d'herbes aromatiques pendant de nombreuses années. Placée en plein soleil, elle m'a permis de m'approvisionner régulièrement au printemps et en été en persil frais, sauge, romarin, ciboulette, coriandre, basilic et divers thyms (voir au verso). Dans cette version, les thyms occupent le devant de la scène : ce sont de belles petites plantes très agréables et faciles à cultiver, et même de nombreuses variétés, telles que les 'Silver Posie' à fleurs roses, peuvent être utilisées dans la cuisine. Toutes sortes d'autres plantes, notamment les plantes grasses, les plantes alpines et les bulbes nains, conviennent également à cette installation.

❶ Les bacs qui ne sont pas initialement destinés à abriter des plantes ne disposent que rarement de trous de drainage. Il faut donc en percer plusieurs d'au moins 1 cm de diamètre dans le fond et posez le pot sur de grosses pierres plates, des briques ou des supports pour pot afin de permettre à l'excès d'eau de s'écouler. Mettez chaque herbe dans un pot en terre cuite suffisamment grand pour le développement de la plante. Vous pouvez également disposer quelques morceaux de terre cuite ou des tessons de terre cuite dans le fond pour empêcher la perte de terreau.

❷ De nombreuses herbes telles que le romarin, le thym et la sauge sont originaires des régions méditerranéennes et poussent en plein soleil sur un sol qui se draine librement. Le mélange de gravier fin avec un terreau universel standard améliore l'aération et facilite le drainage. Une petite quantité d'engrais à libération contrôlée fournit suffisamment de nutriments pour une saison de culture.

3 La plupart des herbes sont très faciles à multiplier et les plantes trop grandes sont donc peu coûteuses à remplacer. Les thyms et les menthes, par exemple, peuvent être facilement divisés. Taillez les plantes – légèrement pour le thym et beaucoup pour la menthe – puis retirez-les de leur pot. Séparez soigneusement les plantes, d'abord en deux, puis en plus petits morceaux. Un couteau peut se révéler utile pour la menthe !

4 Remettez dans le pot d'origine une bonne partie de menthe ou de thym et conservez-en quelques autres en réserve. Les thyms sont également faciles à obtenir à partir de boutures, tout comme le romarin, la sauge et l'hysope. Semez des graines de persil, de basilic et de coriandre au printemps et au début de l'été. Complétez avec une couche de gravier ornementale qui dissuade les limaces.

VOS HERBES TOUJOURS IMPECCABLES

Le grand avantage de cultiver des herbes ensemble, mais séparées est que vous pouvez garder votre présentation sous son meilleur jour en retirant rapidement les plantes fatiguées ou trop chargées et en les remplaçant par des plantes fraîches. Vous pouvez diviser et rempoter celles que vous sortez, disposer des plantes de remplacement qui attendent dans les coulisses ou ajouter quelque chose de nouveau provenant d'une pépinière ou d'une jardinerie. Vous pouvez également réguler l'arrosage et donner à chaque plante exactement ce dont elle a besoin. La cueillette régulière de vos herbes vous aidera à les soigner et à les maintenir en bonne condition, tout en enrichissant votre cuisine.

5 Comme vos plantes ne s'enracineront pas profondément dans la bassine elle-même, vous pouvez économiser le terreau et alléger l'ensemble en remplissant le tiers inférieur environ avec des matériaux légers, comme des pots ou des plateaux en plastique retournés (ils doivent bien servir à quelque chose). Ajoutez ensuite du terreau avant de disposer vos herbes en pot. Placez certains pots plus haut et d'autres plus bas pour créer un contour esthétique.

PRENDRE SOIN DES PLANTES EN POT

Contrairement aux plantes qui poussent dans le sol et qui, une fois bien établies, devraient être largement capables de se débrouiller seules, les plantes en pot comptent beaucoup sur nous. Je les compare aux animaux domestiques : en tant que « captifs », ils dépendent totalement de leurs propriétaires pour leurs besoins de base en nourriture et en eau. Si vous adoptez ce mode de pensée, vous êtes sur la bonne voie.

En plus de l'eau et de la nourriture essentielles, selon leur type et leurs habitudes, vos plantes peuvent avoir besoin d'être taillées, nettoyées, rempotées, protégées en hiver et parfois sauvées d'une éventuelle attaque de parasites ou de maladies.

En choisissant des plantes plus faciles à entretenir, qui ne sont peut-être pas trop imposantes, qui résistent aux maladies ou qui sont robustes et résistantes à l'hiver, il est possible de réduire la quantité de soins nécessaires. À moins d'avoir le temps et l'état d'esprit requis, il est inutile de prendre soin des plantes au point d'en devenir esclave. Au printemps surtout, il est trop facile de s'emporter en achetant des plantes ou en semant des graines, pour découvrir plus tard que vous ne pouvez pas vous occuper de tout ce que vous avez. Avec le temps, vous trouverez cet heureux équilibre et n'en posséderez ni trop peu au risque de vous ennuyer, ni trop, au risque de vous submerger de travail. Il est bien plus logique de posséder quelques pots vraiment bien entretenus plutôt que des dizaines qui ne reçoivent pas toute l'attention nécessaire. Une ruse que j'ai apprise consiste à regrouper quelques pots qui ne nécessitent qu'un entretien minimal avec un ou deux pots qui demandent plus de travail. De cette façon, vous pouvez concentrer vos efforts sur ces derniers tout en bénéficiant d'un ensemble complet et varié.

Dans les pages suivantes, vous trouverez une introduction aux points principaux de l'entretien des plantes, dont la plupart sont absolument indispensables si l'on veut conserver un arrangement en bonne santé et esthétique. Pour moi, l'interaction avec les plantes lors de l'élimination des fleurs fanées, de la taille ou du contrôle sanitaire fait partie intégrante de mon plaisir de jardiner et m'apaise.

Arrosage

L'arrosage est le seul aspect vital du jardinage en pot qui risque de devenir une corvée majeure. Vous ne pouvez pas l'éviter. Les plantes luttent sans relâche lorsqu'elles ont faim (même si elles peuvent paraître de plus en plus malades), mais si elles restent déshydratées pendant trop longtemps, elles souffriront vraiment. Et elles finiront par abandonner la lutte. Certaines plus rapidement que d'autres. La durée de survie d'une plante dans le terreau sec dépend de sa nature : les annuelles à croissance très douce ne survivront pas plus de quelques jours. Comme je l'ai découvert, de nombreux arbres et arbustes robustes s'accrocheront pendant des semaines, voire des mois. Certaines plantes vivaces et la plupart des bulbes resteront en dormance et repartiront une fois que leur réserve d'humidité aura été rétablie. Mais le but, bien sûr, n'est pas de stresser vos plantes et de leur donner de l'eau quand elles en ont besoin. En pot, un excès d'eau peut être aussi néfaste qu'un manque d'eau. Il est donc essentiel de comprendre comment et quand arroser. Ce n'est pas très compliqué, mais cela peut prendre beaucoup de temps et il est parfois difficile de savoir si une plante a besoin d'eau, même pour les jardiniers chevronnés. Mais si vous prenez les choses comme elles viennent, et que vous n'avez pas trop de pots, l'arrosage est thérapeutique et relaxant.

Une fois bien enracinées, les plantes dans le sol ne devraient plus avoir besoin d'être arrosées manuellement – sauf dans des conditions extrêmes –, car leurs racines sont capables de rechercher l'humidité. Dans un pot, cette capacité est limitée et, surtout lorsque la surface du terreau est complètement cachée, ce n'est qu'après une période prolongée de forte pluie qu'une quantité suffisante d'eau peut passer. Il est clair que le terreau ne sèche pas aussi rapidement par temps frais ou lorsque les plantes ne sont pas en croissance active ou qu'elles sont à l'ombre. Par contre, par une journée chaude et venteuse, un pot rempli d'annuelles sur une terrasse orientée au sud aura probablement besoin d'être arrosé au moins deux fois. En été surtout, il faut arroser aux heures les plus fraîches de la journée afin de limiter l'évaporation.

Avec l'expérience, vous serez en mesure de repérer instantanément quand une plante a besoin d'eau ou est trop mouillée : le flétrissement est le premier symptôme des deux. Le plus simple est d'enfoncer un doigt dans le terreau pour vérifier le degré d'humidité. Si le pot n'est pas trop grand, un autre test consiste simplement à le soulever pour voir s'il est particulièrement léger ou lourd. Le fait que la surface soit sèche ne

EN HAUT À DROITE Même si une douche peut les rafraîchir, il est peu probable qu'une pluie forte et prolongée atteigne les racines des plantes dont le feuillage dense dépasse la largeur de leur habitacle. Un arrosage manuel est généralement nécessaire.

À DROITE Un système d'irrigation goutte-à-goutte automatique peut se révéler utile si vous possédez de nombreux pots.

CONSEILS D'ARROSAGE AVISÉS

- Collectez autant d'eau de pluie que vous le pouvez, en provenance de toutes les surfaces possibles. Il existe de très bons systèmes de récolte d'eau de pluie qui permettent de ne pas en perdre une goutte.
- En particulier sous la chaleur estivale, laissez les arrosoirs remplis à proximité pour des raisons de commodité et pour les cas d'urgence liés au flétrissement des plantes.
- La façon la plus rapide de réhumidifier les petits pots qui ont totalement séché est de les plonger dans un grand seau jusqu'à ce que les bulles cessent d'apparaître. On peut aussi les placer dans un bac d'eau jusqu'à ce qu'elles soient ranimées.
- Arrosez lentement mais sûrement. Une inondation rapide est plus susceptible de se produire sur les côtés et de ne pas s'infiltrer correctement jusqu'aux racines, là où elle est nécessaire.
- Ajoutez un gel hydro-détenteur au moment de la plantation, car il permet aux racines de récupérer l'humidité dont elles ont besoin si vous arrosez de façon irrégulière.
- En règle générale, les grands pots, sauf s'ils sont complètement encombrés de racines, nécessitent des arrosages moins fréquents que les petits.
- Placez les plantes particulièrement assoiffées dans des soucoupes ou des plateaux. L'humidité sera aspirée par capillarité à travers le terreau, mais ne laissez pas les plantes constamment dans l'eau.

signifie pas nécessairement que le terreau se trouvant plus bas l'est aussi, et les deux tests aident donc à déterminer s'il faut ou non arroser lors des contrôles de routine.

En ce qui concerne l'arrosage, il faut surtout comprendre que ce sont les racines qui boivent et que l'eau doit donc être dirigée efficacement dans leur direction plutôt que sur le reste de la plante. Il faut arroser abondamment pour que le terreau soit saturé. Un arrosage superficiel peut à peine pénétrer la surface. Le terreau ne doit cependant pas rester constamment détrempé, car cela peut provoquer la pourriture des racines, donc n'arrosez pas aveuglément. Tous les pots doivent comporter des trous dans le fond pour permettre à l'excès d'eau de s'écouler, et les plus grands doivent idéalement être légèrement surélevés par rapport au sol sur des pieds de pot. À moins que l'eau ne s'échappe par l'intérieur parce que le terreau résiste à la ré-humidification après avoir complètement desséché, une fois que l'eau commence à s'écouler par les trous de drainage, le travail est terminé.

Lorsque l'on arrose un grand nombre de pots, il est judicieux d'utiliser un tuyau d'arrosage. Je m'embête rarement avec un embout, car ils peuvent être trop puissants et il est parfois difficile de les diriger uniquement vers le terreau. J'ai tendance à ne pas ouvrir le robinet à pleine pression, car en appliquant l'eau plus lentement, on s'assure qu'elle s'enfonce profondément. Si quelques pots seulement ont besoin d'eau (tous ne se dessèchent pas au même rythme), je vais chercher un arrosoir. J'en garde deux ou trois placés stratégiquement et remplis d'eau de pluie. Si vous retirez le pommeau, vous arroserez plus facilement et gaspillerez moins d'eau. Sauf quand il s'agit d'arroser des pots fraîchement remplis, car un débit plus doux et plus régulier permet de fixer les plantes sans évacuer le terreau. L'avantage d'utiliser un arrosoir plutôt qu'un tuyau est que vous pouvez plus facilement évaluer la quantité d'eau versée dans chaque pot. Certains de mes plus grands pots nécessitent deux ou trois grands bidons (20 à 30 litres) chacun. Je verse un bidon et je lui donne quelques minutes pour s'imprégner avant de recommencer avec le suivant. Avec lenteur et méthode, voilà la façon la plus sûre d'arroser.

Si vous êtes pressé, il existe des moyens de réduire la quantité d'arrosage manuel nécessaire. Les systèmes d'irrigation au goutte-à-goutte respectent le principe de la lenteur et sont particulièrement utiles si vous possédez de nombreux grands pots. Ces systèmes se composent d'un tuyau principal d'où sort un certain nombre de petits tuyaux secondaires munis de buses qui gouttent ou suintent plutôt que de pulvériser l'eau. Une minuterie peut être activée lors de vos absences. Les gels hydrorétenteurs se présentent sous la forme d'une substance semblable au sucre qui gonfle jusqu'à 400 fois leur propre poids en eau et peut être mélangée à du terreau au moment de la plantation. Ils constituent une source d'humidité utile pour les racines, mais ne remplacent pas l'arrosage. Veillez à ne pas dépasser la dose recommandée, car une trop grande quantité humidifie la terre constamment et les jeunes plantes ne parviennent pas à s'enraciner.

Nutrition

Comme tous les êtres vivants, les plantes ont besoin de nourriture et d'eau pour s'épanouir. La plupart des terreaux universels ne contiennent que quatre à six semaines d'engrais, qui s'éliminent encore plus rapidement lors d'arrosages fréquents. Par la suite, les plantes confinées dans des pots auront faim si ne vous leur donnez rien. Les engrais prêts à l'emploi contiennent les éléments nutritifs essentiels que sont l'azote (N), le phosphore (P) et le potassium (K) dans des proportions variables, ainsi que des quantités beaucoup plus faibles d'autres éléments, dont le manganèse, le fer et le magnésium. Le rapport entre ces trois « macronutriments » est affiché « N-P-K » sur les engrais brevetés. La quantité de chacun de ces éléments dans un produit dépend de l'usage auquel il est destiné. L'azote est essentiel à la santé des feuilles, le phosphore favorise le développement des racines, tandis que le potassium aide à la production de fleurs et de fruits et contribue à la résistance et à la vigueur générales. Les engrais pour tomates, par exemple, contiennent des niveaux relativement élevés de potassium et c'est pourquoi de nombreux jardiniers, dont moi-même, les utilisons également pour stimuler les plantes à fleurs.

Le « thé » de consoude fait maison est également riche en potassium : il est facile à produire en six semaines environ et est, bien sûr, entièrement biologique. L'ortie et la bourrache contiennent davantage d'azote. Le fumier de poules (disponible sous forme de granulés) fournit une autre excellente source d'azote et l'extrait liquide d'algues est un super tonique végétal qui stimule une croissance saine à tous les niveaux et entre dans la composition de nombreux engrais généraux, tant organiques qu'inorganiques.

Alors que ma préférence va aux composés organiques, les composés inorganiques composés de minerais extraits ou de produits chimiques synthétiques agissent plus rapidement. Je les utilise pour favoriser le développement rapide de plantes saisonnières qui poussent très vite et fleurissent beaucoup sur des systèmes racinaires relativement petits, ou qui sont entassées les unes sur les autres et consomment donc rapidement les nutriments. Ils sont disponibles sous forme de concentrés liquides ou de poudre à diluer ou dissoudre en suivant les instructions du fabricant. L'amélioration des performances des plantes nourries de cette manière est très sensible.

La méthode de loin la plus simple pour nourrir les plantes en pot est d'incorporer un engrais granulaire à libération contrôlée au moment de la plantation, bien que ces engrais ne soient pas non plus bios. Ils libèrent progressivement les nutriments tout au long de la saison végétative lorsque la température du terreau et les niveaux d'humidité sont suffisamment élevés, mais ralentissent lorsqu'il fait plus froid et que les plantes sont moins actives. Ils peuvent également être appliqués chaque printemps comme terreau pour nourrir les plantes de longue durée.

CI-DESSUS L'engrais à libération contrôlée est une aide très utile qui peut être mélangée au terreau au moment de la plantation ou répandue une fois par an. Vos plantes sont ensuite nourries pendant plusieurs mois grâce aux granules qui se dissolvent lentement tout au long de la saison végétative.

Élimination des fleurs fanées, taille et entretien

CI-DESSUS L'élimination des fleurs mortes de la plupart des annuelles et des vivaces tendres (ici les osteospermums) permet de garder les plantes bien soignées et d'encourager la formation de nouveaux bourgeons.

CI-DESSUS Coupez les feuilles fanées ou abîmées pour que les plantes restent belles et pour réduire le risque de développement de maladies telles que le mildiou.

Les jardinières ont tendance à occuper une place de choix dans nos jardins et il semble par conséquent logique qu'elles restent belles le plus longtemps possible. L'entretien, en plus de l'arrosage et de la nutrition essentiels, varie selon le type de plante. Les arbres et les arbustes qui vivent longtemps peuvent nécessiter relativement peu de soins courants autres que l'enlèvement des feuilles et des tiges abîmées et l'arrachage des mauvaises herbes. Certains se prêtent mieux à l'élagage ou à la taille pour être maintenues propres et dans des proportions convenables. Il convient parfois de secouer les persistants pour les aider à perdre leurs feuilles jaunies et plus âgées.

Les compositions colorées de courte durée, en particulier les pots d'été remplis d'annuelles florifères et de vivaces tendres, demandent souvent plus d'efforts. L'élimination régulière des fleurs fanées est avant tout un exercice esthétique, mais encourage également certaines plantes à fleurir plus longtemps en retardant leur but ultime, à savoir la production de graines. Certains nouveaux cultivars sont sélectionnés pour être stériles (bien qu'ils puissent encore produire du nectar pour les abeilles) et fleurissent inlassablement dans une tentative futile de reproduction. Si on laisse les fleurs fanées de certaines plantes telles que les pelargoniums et les bégonias, surtout par temps humide, celles-ci risquent de se putréfier et de propager des maladies fongiques. Par mesure d'hygiène, enlevez et nettoyez les feuilles abîmées, malades et partiellement mangées au fur et à mesure que vous les repérez, et taillez les tiges et les pousses mortes ou mourantes. Si vous le faites un peu régulièrement, vous y prendrez même du plaisir. En général, les fleurs fanées doivent être coupées une à une avec leurs pédoncules, mais pour certaines plantes, c'est toute la capitule ou la hampe qui sera retirée. Certaines, comme les violas et les pétunias, sont faciles à pincer entre les doigts et le pouce, tandis que d'autres, comme les dahlias et les roses, nécessitent des ciseaux ou des sécateurs. Pour les plantes qui produisent leurs fleurs en grappes, notamment les argyranthemums et les nemesias, il est plus facile de couper l'ensemble de la plante. Si vous les coupez bien après la floraison, une grande variété de plantes vivaces, dont les géraniums, les tiarelles et les brunneras robustes, vous récompenseront en vous offrant une poussée de feuilles fraîches, voire de fleurs. Les plantes particulièrement vigoureuses peuvent avoir besoin d'être taillées ou éclaircies au fur et à mesure de leur développement pour permettre à d'autres plantes moins vigoureuses dans le même pot de s'établir, tandis que le fait de pincer l'extrémité des jeunes plantes les encourage à sortir de terre.

Une microgestion aussi minutieuse ne convient toutefois pas à toutes les plantes. La plupart des graminées, une foule de plantes vivaces et de nombreuses annuelles se fanent avec style et grâce (voir page 98) et, si on les laisse en place, elles offrent une structure hivernale, un garde-manger pour les oiseaux et un abri pour les insectes.

Rempotage et rajeunissement

Lorsqu'une plante atteint les limites du pot, le système racinaire ne peut plus fonctionner correctement, car, par rapport à la masse des racines, le terreau est insuffisant pour retenir l'humidité ou les nutriments. Les signes révélateurs sont une croissance médiocre, des feuilles jaunies, des racines à surface mate, des jeunes pousses qui flétrissent facilement et des racines qui sortent des trous de drainage. Idéalement, vous réagirez avant que vos plantes ne se désespèrent, mais la plupart d'entre nous ont tendance à repousser le rempotage des plantes de grande taille aussi longtemps que possible. En raison du poids, du coût ou d'autres facteurs, il n'est pas toujours pratique de transporter les plantes dans des pots de plus en plus grands. Heureusement, la majorité des arbustes et des arbres réagissent bien à une taille judicieuse des racines, ce qui leur redonne vie sans devoir augmenter la taille du pot. Si vous êtes prêt à faire cela tous les deux ans, vous pourrez conserver de nombreux arbustes à une taille raisonnable et dans le même pot pendant très longtemps.

Les grands arbustes en pot peuvent offrir une résistance considérable lorsqu'il s'agit de les déloger. Il faut donc arroser abondamment pour ramollir le terreau et renverser le pot sur le côté afin de mieux le saisir. Coupez les racines qui dépassent du trou de drainage et, si nécessaire, faites glisser la lame d'une vieille scie à main vers l'intérieur pour dégager les racines. En recouvrant le pot de vieux sacs de terreau lors du rempotage, vous aurez quelque chose à agripper et vous éviterez que les racines n'adhèrent aux parois intérieures rugueuses du pot. Lorsque vous rempotez dans le même bac, détachez les racines et secouez la plus grande partie du vieux terreau. Desserrez la pelote de racines avec vos doigts et utilisez un jet d'eau puissant pour éliminer les restes de terre. Il est possible de tailler jusqu'à 30 % des racines, mais l'objectif est de couper quelques sections entières de racines plutôt que de tailler la pelote entière, car cela supprimerait toutes les fines racines vitales. Il est souvent judicieux de tailler légèrement la partie supérieure pour compenser la taille des racines. Rempotez en utilisant du terreau tout frais, en tapotant de temps en temps les côtés du pot pour aider le terreau à s'infiltrer entre les racines (c'est plus facile si vous utilisez un terreau qui n'est pas trop humide) et arrosez abondamment pour le stabiliser. En règle générale, maintenez la plante au même niveau que précédemment - ne soyez pas tenté de l'enfouir plus profondément. Idéalement, protégez la plante de la chaleur et des vents asséchants pendant que les racines reprennent de la force.

Les massifs de plantes vivaces envahis par la végétation, comme les hostas, les persicariums, les géraniums et les heuchères sont faciles et satisfaisants à entretenir. Il suffit de les arroser et de les diviser au printemps, puis de remettre dans le même pot certaines des divisions les plus saines en utilisant du terreau frais.

CI-DESSUS De nombreux arbustes, notamment l'érable du Japon, devront probablement être changés de pot au bout de quelques années. Pour les conserver dans un pot qui semble être devenu trop petit, taillez soigneusement les racines et rempotez avec du terreau frais.

PAGE DE DROITE EN HAUT Protégez les plantes sensibles au froid comme les fougères arborescentes (espèces de dicksonia) qui peuvent être trop grandes pour être déplacées sous une couverture avec une couche isolante de voile d'hivernage.

CI-CONTRE J'utilise des diables d'époque pour déplacer les pots plus lourds et je les expose parfois avec les pots !

Protection contre le froid hivernal

Vous choisirez inévitablement des plantes qui ne sont pas assez robustes pour rester dehors pendant l'hiver et qui doivent être protégées d'une manière ou d'une autre du froid et de l'humidité. Certaines, comme les plantes à massifs vivaces tendres coûtent moins cher à remplacer chaque année qu'à stocker, tandis que d'autres, comme les fougères arborescentes, sont trop précieuses pour être abandonnées.

La protection hivernale est vraiment une question de bon sens, alors gardez un œil sur les prévisions météorologiques et surtout sur les températures nocturnes. Mes pots sont déplacés en fonction de la rusticité pour que mon arrangement ne soit pas dépouillé pendant la nuit, et j'utilise toute une série de mesures de protection. Je déplace les plantes telles que les succulentes et les plantes vivaces arbustives tendres dans la serre et le tunnel en polyéthylène (quelques succulentes et coleus de choix trouvent une place dans la maison), d'autres dans des châssis froids et je coupe, sèche et stocke dans la remise (à l'abri du gel) ou le garage les dahlias ou les cannas. Je laisse certaines plantes en place, mais les rassemble pour qu'elles se protègent mutuellement, enveloppées dans une toile ou un sac d'hivernage. Regroupés, les grands pots offrent aux plus petits une certaine protection et si des conditions météorologiques particulièrement mauvaises s'annoncent, vous pouvez les envelopper ou les déplacer vers un endroit plus abrité jusqu'à ce que le temps s'améliore.

SOULEVER ET DÉPLACER LES POTS

Il arrive fréquemment qu'un ou deux de nos pots, surtout lorsqu'ils sont remplis de terreau, soient vraiment très lourds. Les déplacer peut se révéler pratiquement impossible sans aide et sans un certain type d'équipement ou d'ingéniosité. J'ai dû déplacer mes pots et les transporter pleins très souvent et je les réorganise régulièrement. La plupart sont délibérément très maniables, mais il m'arrive de devoir déplacer un de mes pots les plus lourds et c'est alors que je sors mes vieux diables. Ils sont aussi beaux que pratiques. Vous trouverez facilement des versions récentes à un coût raisonnable et les diables qui peuvent être convertis pour le transport à plat comme un chariot sont doublement utiles. Une vieille couverture enroulée sur les côtés protégera les pots d'éventuels dommages. Une autre solution consiste à utiliser des mini-chariots à pots sur roulettes. Ils ne sont pas particulièrement esthétiques, mais vous pourrez déplacer facilement les grands pots et il suffit de les dissimuler par un ensemble de petits pots.

AMI OU ENNEMI ?

Bourdon

Papillon comma se délectant du nectar d'*Echinacea* 'White Swan'.

PAGE DE GAUCHE Papillon paon sur un nemesia.

En travaillant la terre – même si ce n'est qu'un tout petit territoire dans un pot –, les cultivateurs et les jardiniers ont la possibilité d'aider de nombreuses créatures, en particulier les abeilles, les syrphes, les papillons et autres insectes pollinisateurs vitaux à affronter les difficultés. Un grand plaisir peut découler d'une interaction respectueuse avec la nature et nous devons être toujours plus attentifs dans notre approche.

La majorité des créatures qui habitent ou visitent nos jardins ne sont pas nuisibles. La plupart sont bénéfiques, tandis que celles qui causent des dommages importants aux plantes forment une infime minorité. À quelques exceptions près, ces dernières sont assez faciles à traiter – surtout si elles sont détectées à temps – et comme nous sommes généralement en contact plus étroit avec les plantes qui poussent en pot, les parasites et les maladies qui les affectent se repèrent plus facilement.

Il existe dans la nature un équilibre qu'il n'est pas facile d'atteindre dans un petit jardin et qui est à peine possible dans les limites des pots, à moins que les plantes soient sélectionnées principalement et ingénieusement pour la faune et la flore – et c'est pourquoi une intervention manuelle est parfois nécessaire. Dans la plupart des cas, bien que cela prenne du temps et de l'énergie le meilleur remède est de retirer les nuisibles et/ou les parties de plantes affectées. Soyez philosophe : posséder un jardin implique également de faire face avec équanimité aux attaques isolées ou aux épidémies. Pensez également que ce que nous pouvons considérer comme des nuisibles, en particulier de nombreux invertébrés, fait partie de la chaîne alimentaire et constitue ainsi le régime d'autres espèces bénéfiques. Il ne s'agit, par conséquent pas d'éradiquer totalement ces « parasites », mais de réduire ou de contrôler leur nombre. La diversité de la faune et de la flore est essentielle à la biodiversité et à un environnement sain, aussi la protection des prédateurs favoris contribue-t-elle à l'écologie locale.

POTS À POLLINISATEURS

Afin de donner aux insectes pollinisateurs un large choix et de leur permettre de parcourir le plus possible tous les espaces du jardin, je choisis mes cultures en pot en pensant à eux et j'essaie de couvrir la plus grande partie de l'année. Pour une fréquentation maximale, il est préférable de placer les pots à pollinisateurs dans des endroits abrités et ensoleillés, en utilisant des plantes qui offrent une succession de fleurs sur une période aussi longue que possible. Les bourdons ont une préférence intrinsèque pour les fleurs violacées tout comme les papillons qui apprécient également le rose, le jaune et l'orange. Les fleurs simples sont toujours préférables aux fleurs doubles surdimensionnées, car les jeux de pétales supplémentaires compliquent l'accès au pollen et au nectar. Si possible, regroupez les pots afin de concentrer leurs signaux à destination des insectes.

Quelques indésirables

Larve de charançon de la vigne

Aphidés – mouches noires

Criocère du lys

CHARANÇON DE LA VIGNE

Il n'y a pas de plus grande nuisance pour les jardiniers en pot que les vers blancs et à tête brune de ces créatures ressemblant à des coléoptères. Les vers blancs passent l'hiver dans le compost et sortent généralement à l'âge adulte à la fin du printemps. Comme les adultes sont nocturnes, vous ne risquez pas de les rencontrer à moins d'examiner vos plantes la nuit. Les adultes causent moins de dommages directs que les vers blancs, qui détruisent les plantes en rongeant leurs racines et leurs couronnes ou tubercules charnus. Souvent, vous ne vous rendrez compte du problème que lorsque le sommet de la plante sera complètement flétri et se détachera de ce qui reste de ses racines. Les vers blancs se nourrissent de plantes à racines charnues, comme les heuchères, les cyclamens, les succulentes et les bégonias. Pour les combattre, commandez des nématodes sur internet pour le printemps ou le début de l'automne, lorsque le terreau est à la bonne température (pas en dessous de 5 °C).

ESCARGOTS (ET LIMACES)

J'aimerais que les escargots ne causent pas de tels dégâts. Si seulement ils se contentaient de dévorer une feuille entière plutôt que de grignoter quelques trous disgracieux dans plusieurs d'entre elles! Bien plus souvent que les limaces, qui se nourrissent généralement près du sol, les escargots grimpent pour trouver de la nourriture. La culture en pot vous donne un avantage, mais ces belles créatures les chercheront si elles ne sont pas rassasiées ailleurs d'une nourriture plus abondante et plus facile à trouver. Lorsque les plantes se touchent, ces petites bêtes peuvent astucieusement passer de l'une à l'autre pour atteindre leur repas, il convient par conséquent d'isoler les plus vulnérables. Il existe de très nombreux moyens de dissuasion et de lutte, mais aucun ne se suffit à lui-même et il est préférable de les utiliser simultanément. Pour ma part, j'ai obtenu de bons résultats lorsque j'ai utilisé du ruban adhésif de cuivre, mis les plantes ciblées en hauteur et pulvérisé une solution d'ail maison sur les feuilles et les tiges.

APHIDÉS

Particulièrement répandus au printemps et en été lorsqu'ils infestent les nouvelles pousses, les bourgeons et le dessous des feuilles de toute une série de plantes, les aphidés suceurs de sève (mouches noires, mouches vertes et autres couleurs) se reproduisent rapidement, surtout dans des conditions chaudes et sèches. La succion de la sève propage des virus et affaiblit ou déforme la plante. Les pucerons sécrètent également un miellat collant, qui peut provoquer une moisissure fuligineuse sur les feuilles. Essuyez ou enlevez les petites colonies ou vaporisez-les avec du savon doux. Elles constituent une source de nourriture importante pour les prédateurs locaux, notamment les coccinelles et les chrysopes.

La plupart des aphidés ne peuvent pas voler, mais lorsqu'une plante devient trop encombrée ou affaiblie, la génération suivante naît avec des ailes et migre vers un nouvel hôte.

FOURMIS

Les fourmis nichent très occasionnellement dans de grands pots et ne sont pas nécessairement nuisibles aux plantes (bien qu'elles élèvent et protègent les aphidés dont elles convoitent le miellat). Cependant, j'ai parfois connu des situations où elles creusaient autour des racines, déplaçant le terreau et créant des vides qui nuisent à la santé et à la vigueur des plantes. Si une plante semble en difficulté et que vous remarquez des fourmis autour du pot, videz-le et éliminez autant de terreau, de fourmis et d'œufs, que possible avant de le rempoter avec de la terre fraîche.

CRIOCÈRE DU LYS

Spécifiques aux lys (lilium) et aux fritillaires (fritillaria), ces criocères rouge-orange brillant dévorent rapidement les feuilles. Cependant, leur couleur les rend faciles à repérer et à décoller individuellement. Ils se manifestent de la fin mars à l'automne. Il est rare d'en voir plus d'un à la fois, mais ils apparaissent généralement en un jour ou deux, alors vérifiez souvent les plantes. Il peut être moins facile de les retrouver si on les fait tomber accidentellement au sol. Placez une feuille de papier à la base des plantes pour les attraper. Ils peuvent voler, mais semblent mettre cette capacité en réserve. Les œufs orange sont pondus sur la face inférieure des feuilles et les larves de même couleur se cachent dans une couche de boue noire, généralement sous les feuilles inférieures. Grattez-les ou enlevez-les complètement avec la feuille.

MINEUSES

Les mineuses de feuilles sont communes et correspondent aux larves de nombreuses sortes de coléoptères, de mites et de mouches. Leur nom vient de leur capacité à creuser des galeries entre les différentes couches des feuilles. Elles sont particulièrement répandues sur certaines plantes, notamment les chrysanthèmes, les argyranthèmes et les capucines. Bien qu'elles donnent aux feuilles un aspect disgracieux, avec leurs traînées sinueuses qui laissent apparaître du brun ou du blanc à la surface des feuilles, elles ne sont pas nuisibles à la santé de la plante. Retirez les feuilles minées.

THRIPS

À peine visibles à l'œil nu, ces insectes suceurs de sève ont tendance à être spécifiques à des espèces végétales particulières. J'ai rencontré de grosses difficultés avec le thrips du glaïeul d'autant plus qu'il peut hiverner sur les cormes. Non contrôlés, ils peuvent gravement endommager et défigurer les plantes au point de devoir les jeter. Les pulvérisations organiques, telles que le pyrèthre naturel, les acides gras ou les huiles végétales, peuvent être efficaces, mais elles ont une très courte persistance et devront par conséquent être appliquées fréquemment.

COCHENILLE

Ces minuscules insectes suceurs de sève, de couleur brune ou paille, se regroupent sur les tiges et les nervures des feuilles de plantes persistantes arbustives, notamment le laurier, les agrumes et les camélias. Ils sécrètent un miellat collant qui s'égoutte sur les feuilles en dessous et provoque la formation d'une moisissure noire fuligineuse. Cette moisissure est souvent plus visible que l'insecte lui-même. Les petites invasions peuvent être éliminées de manière satisfaisante, mais en prenant beaucoup de temps. Dans les cas graves, il est recommandé de tailler les parties et la pousse touchées ou de se défaire de la plante pour éviter que les cochenilles n'en atteignent d'autres.

CHENILLES ET AUTRES LARVES

Le terme « chenille » fait spécifiquement référence aux larves des espèces de papillons et de mites, dont très peu endommagent sérieusement les plantes de jardin. Parmi les exceptions notables, citons les piérides – les piérides de la rave – qui, comme leur nom l'indique, se nourrissent principalement de brassicacées. Je cultive des capucines spécialement pour eux et j'y transfère les œufs ou les chenilles repérés sur d'autres plantes. Certaines larves de mites se nourrissent de genres spécifiques : la mite de la molène attaque le verbascum et la mite du buis est un ravageur dévastateur qui affecte les plantes de buis et qui n'est arrivé que récemment au Royaume-Uni. Les larves de tenthrèdes ressemblent à des chenilles et peuvent défolier complètement les plantes hôtes. Elles se limitent cependant à certains genres de plantes telles que les groseilles à maquereau, les roses et les géraniums.

CLOPORTES

Les congrégations de ces créatures à exosquelette grises vous surprendront si vous soulevez un pot, bien que celles-ci se dispersent rapidement lorsqu'elles sont dérangées. Du point de vue alimentaire, elles sont principalement intéressées par les débris et effectuent un travail de nettoyage efficace. Mais j'ai parfois remarqué qu'elles s'installent et continuent à dévorer les feuilles des hostas déjà décimées par les escargots. Les cloportes peuvent aussi s'installer sur des semis, mais il est rare qu'ils causent des dommages majeurs. Laissez-les simplement vaquer à leurs occupations.

RATS, SOURIS ET ÉCUREUILS

Les bulbes à floraison printanière, notamment les crocus et les tulipes sont très appréciés des rongeurs. En pot, le seul piège efficace que j'ai trouvé consiste à enfoncer du grillage à poules dans le haut du terreau, juste en dessous du bord.

Quelques espèces bienvenues

Grenouille

Larve de coccinelle

Chrysopes

GRENOUILLES, CRAPAUDS ET TRITONS

Ces trois amphibiens sont des assistants jardiniers. La grenouille commune est largement répandue et réside dans de nombreux jardins, notamment ceux qui comprennent des étangs. Les grenouilles sont surtout actives la nuit et hibernent pendant l'hiver sous des tas de rondins, de roches ou de feuilles en décomposition. Elles sont bien connues et respectées pour se régaler de petites limaces, d'escargots et d'autres invertébrés. Avec un régime alimentaire similaire à celui des grenouilles, les crapauds communs sont également très répandus chez nous et vivent loin de l'eau, sauf lorsqu'ils s'accouplent. Ils sont généralement plus grands que les grenouilles et se distinguent par leur peau plutôt rugueuse que lisse. Le triton lisse est commun au Royaume-Uni, mais il s'agit d'une espèce protégée. Sur terre, il se nourrit de petits invertébrés.

BOMBYLES

Les bombyles planent très souvent au milieu du jardin entre deux récoltes de nectar de diverses fleurs, le plus souvent à centre plat et ouvertes, sur lesquelles ils peuvent se poser facilement. À première vue, certains ressemblent aux abeilles, mais se distinguent facilement par la forme de leurs yeux beaucoup plus grands. L'éristale gluant (Eristalis tenax) représente la plus commune et la plus répandue des nombreuses espèces présentes en France. Je la trouve fascinante et apaisante à observer et à photographier. Environ 50 % des espèces de ces importants insectes pollinisateurs forment des larves qui dévorent les pucerons en quantité.

ABEILLES

La diminution du nombre de plusieurs espèces de ces pollinisateurs vitaux inquiète les jardiniers et les cultivateurs. Nous devons continuer à les attirer dans nos jardins et les aider autant que possible. Le bourdonnement collectif des abeilles qui collectent le pollen par une chaude journée du milieu de l'été compte parmi les sons et les images les plus exaltants que l'on puisse imaginer. Il existe près de 1 000 espèces d'abeilles sauvages en France : 35 sont des bourdons (espèces bombus) et 4 sont des abeilles à miel (espèces apies). Toutes évitent les fleurs qui sont denses ou compliquées à pénétrer et sont plus fortement attirées par les fleurs jaunes, violettes et bleues. Les bourdons les plus courants sont les bourdons terrestres, les bourdons des pierres et les bourdons roux. Les abeilles domestiques sont beaucoup plus petites et moins poilues. Il existe des cartes d'identification très utiles pour aider à déterminer les espèces les moins communes.

COCCINELLES

Les adultes et les larves se nourrissent avec voracité des aphidés, en se dirigeant vers les plantes infestées. Au cours de sa vie, une seule coccinelle peut manger jusqu'à 5 000 pucerons et constitue donc l'un des meilleurs moyens de lutte possibles. Les arlequins, originaires d'Asie du Sud-Est et comportant jusqu'à dix-neuf points, peuvent ressembler à première vue aux espèces locales de France. Cependant, il s'agit d'une espèce envahissante plus importante qui met en danger nos coccinelles en se battant pour la nourriture et en s'attaquant aux œufs et aux larves de nos espèces à deux et sept points.

CHRYSOPES

Ces insectes pollinisateurs minces et délicats, au corps long, vert ou brun, et aux ailes transparentes et féeriques, sont rarement observés en grand nombre, mais peuvent être repérés en train de voler seuls pendant la journée ou, plus souvent, discrètement au crépuscule. Les adultes et les larves dévorent les pucerons - une larve peut en manger deux cents par semaine. Les larves de certaines espèces se camouflent en plaçant les peaux de pucerons aspirées entre les poils de leur surface supérieure.

HÉRISSONS

La population de hérissons en France a diminué de moitié depuis le troisième millénaire. La destruction des haies et la réduction subséquente de leur source de nourriture invertébrée, ainsi que l'augmentation du nombre de blaireaux (leur seul prédateur important), comptent parmi les nombreux coupables. Il y a une lueur d'espoir que les hérissons recommencent à prospérer dans les jardins urbains, alors faites tout ce que vous pouvez pour les aider. Ils s'abritent sous des tas de feuilles et de bois et hibernent pendant l'hiver, si bien que vous pouvez leur laisser un coin tranquille et pas trop ordonné. Prévoyez également un moyen d'entrer et de sortir de votre jardin, car ils parcourent chaque nuit de nombreux hectares pour trouver de la nourriture.

COLÉOPTÈRES

Les staphylins et les coléoptères terrestres sont les plus communs des quelque 1300 espèces françaises autochtones et peuvent souvent être repérés en train de se faufiler si vous déplacez une pierre, une feuille ou un pot. Ils vivent dans ou sur la terre et tant les adultes que les larves se nourrissent d'une grande variété d'insectes, de limaces et d'autres invertébrés. Favorisez-les en laissant de petits tas de feuilles mortes.

OISEAUX

Certaines espèces peuvent être moins appréciées sur nos parcelles cultivées, sinon les oiseaux sont extrêmement bienvenus au jardin et leur visite nous enchante. Ils sont passionnants à observer dans leur travail, qui consiste notamment à enlever les pucerons, les chenilles et différents vers. Les rouges-gorges sont présents dans un très grand nombre de jardins et notamment lorsqu'ils pensent y trouver de la nourriture. Chaque fois que je déterre des charançons de la vigne ou d'autres vers, je les étale sur une table ou sur un pavé: ils sont vite ramassés, pas de gaspillage. Comment transformer la chasse aux indésirables en partie de plaisir!

PAPILLONS ET MITES

J'ai dû inclure les papillons ici, car leur présence dans nos jardins est tout à fait réjouissante et ils sont aussi beaux, sinon plus, que les fleurs qu'ils visitent. Sur le plan écologique, ils constituent une partie importante de la chaîne alimentaire et donnent des indications fiables sur l'état de santé de l'environnement. Ils ne sont pas des pollinisateurs aussi efficaces que les abeilles et les syrphes, mais ils transfèrent inévitablement le pollen lorsqu'ils volent de fleur en fleur à la recherche de nectar. Les mites sont d'importants pollinisateurs nocturnes et constituent le régime alimentaire de base des chauves-souris, bien que certaines espèces plus colorées comme le moro-sphinx et l'écaille martre volent de jour.

Bourdon des champs (*Bombus pascuorum*) et abeille à miel (*Apies mellifera*)

Rouge-gorge

Papillon Belle-Dame

Lutte biologique contre les parasites

Le durcissement constant des lois et de la législation signifie que la gamme de produits chimiques synthétiques disponibles pour les jardiniers a considérablement diminué ces dernières années, et ce à juste titre. Heureusement, l'époque où les jardiniers amateurs étaient responsables de l'utilisation massive, et parfois aveugle, de substances chimiques est révolue depuis longtemps. Il a fallu du temps et beaucoup de dégâts ont déjà été causés. J'admets honteusement que par le passé, je me suis rendu coupable de m'être armé d'une panoplie d'insecticides. Les produits chimiques synthétiques peuvent nuire au sol et à une grande variété de créatures bénéfiques, dont certaines voient leur population décliner sérieusement. Nous devrions tous faire notre possible pour passer à des méthodes de lutte biologique, notamment en encourageant les prédateurs naturels. Les coccinelles, les chrysopes, les grenouilles, les hérissons et les oiseaux sont tous capables de limiter le nombre de ravageurs des jardins, tels que les aphidés et les limaces. Dans bien des cas, il existe un moyen de lutte biologique qui vaut la peine d'être essayé. Il s'agit notamment de pulvérisations à base d'extraits de plantes et de divers contrôles biologiques à appliquer sur les plantes ou dans le terreau, allant des nématodes du sol aux guêpes parasites qui s'attaquent à certaines espèces de ravageurs.

De nombreux parasites et maladies ne se manifestent que dans certaines conditions. Par exemple, par temps chaud et sec, vous ne rencontrerez presque pas d'escargots, mais les aphidés se développeront à un bon rythme. D'autres n'apparaissent qu'à certaines périodes de l'année. Les criocères du lys sont les plus dévastateurs au printemps et au début de l'été, tandis que les vers du charançon de la vigne sont actifs tout au long de l'hiver. Souvent les problèmes n'apparaissent que sur certains types de plantes et ne les affectent par conséquent pas toutes en même temps. Avec le temps, vous saurez ce qu'il faut surveiller et à quel moment.

Les maladies telles que la rouille, le mildiou et les taches foliaires sont inévitables sur certaines plantes (à moins que vous ne cultiviez des variétés résistantes). Soit je me passe complètement de ces plantes, soit j'en limite fortement le nombre et j'enlève les feuilles atteintes ou les jette si elles sont trop sévèrement touchées (mais pas au compost). Les problèmes physiologiques sont occasionnels et souvent dus à des conditions de croissance difficiles, comme un arrosage irrégulier, ou à des conditions météorologiques que même les jardiniers ne peuvent contrôler. Par ailleurs, des carences, notamment la chlorose, peuvent entraîner une décoloration des feuilles. Il est toutefois facile d'y remédier une fois que l'on a déterminé l'origine du problème.

Un aspect positif des médias sociaux est que vous pouvez suivre les blogs sur le jardinage en pot et les publications des applications de partage d'informations en vue de résoudre des problèmes. Les jardiniers forment une communauté de partage. Vous pouvez également utiliser des applications de photo pour prendre des gros plans d'insectes et les identifier.

BONNE SANTÉ

Des plantes saines, bien cultivées et soignées sont beaucoup plus résistantes que des spécimens fragiles et perturbés. Elles sont moins sujettes aux maladies et plus aptes à se remettre des attaques de parasites. Lors de l'achat de plantes, vérifiez toujours s'il y a des signes de parasites ou de maladies, de stress ou de lésions. Assurez-vous que les favoris du charançon de la vigne, tels que les heuchères, sont bien enracinés en tirant doucement sur la couronne de la plante ou en la tirant hors du pot. Dans la mesure du possible, choisissez des variétés résistantes aux maladies et évitez ou limitez le nombre de plantes qui attirent des parasites spécifiques. Par exemple, je ne fais pousser que quelques lys en pot, car dans mon jardin, l'apparition annuelle de criocères du lys ne fait aucun doute. Une bonne circulation d'air, une lumière suffisante et un arrosage judicieux contribueront à renforcer la résistance végétale. Les insectes suceurs de sève tels que les aphidés sont plus fréquents sur les pousses très tendres.

PETIT GUIDE SUR LA LUTTE BIOLOGIQUE CONTRE LES PARASITES

- Mobilisation des prédateurs bénéfiques : plantez afin d'attirer une grande diversité d'insectes et favorisez l'installation de prédateurs plus importants en leur fournissant des cachettes ou des habitats (comme les tas de bois pour les grenouilles, les crapauds et les orvets).
- Élimination manuelle : prenez ou retirez manuellement un petit nombre d'insectes nuisibles. Coupez et supprimez les feuilles malades pour réduire les risques de propagation.
- Méthodes dissuasives et barrières physiques : quelques ravageurs communs des jardins sont sensibles à des matériaux spécifiques (surfaces rugueuses contre les limaces et escargots) et un grillage métallique enterré juste sous le terreau aidera à protéger les bulbes de printemps contre les écureuils en quête de nourriture.
- Méthodes dissuasives biologiques : de nombreuses huiles végétales et autres substances à base organique utilisent la résistance naturelle des plantes pour lutter contre des parasites spécifiques du jardin.
- Lutte biologique : les nématodes du sol et les guêpes parasites s'attaquent à des espèces de ravageurs spécifiques ; ces produits peuvent être commandés en ligne et vous être livrés au bon moment pour une utilisation optimale.
- Pulvérisations non chimiques : pulvériser les plantes avec de l'eau ou une solution légèrement savonneuse pour déloger les aphidés et les espèces similaires. Les solutions à l'ail dissuadent les limaces et les escargots.
- Compagnonnage : certaines plantes attirent les pollinisateurs prédateurs et, souvent en raison de leur odeur âcre, peuvent camoufler les plantes vulnérables pour littéralement chasser les parasites. Par exemple, les feuilles aromatiques du thym dissuadent les mouches noires et les soucis (calendulas) sont particulièrement attirants pour les syrphes et les chrysopes.

On dit que les limaces et les escargots sont sensibles au cuivre : le ruban de cuivre autocollant qui entoure le bord des pots contenant des favoris de limaces (comme les hostas) vaut la peine d'être tenté, surtout s'il est combiné avec d'autres moyens de dissuasion comme les solutions contenant de l'ail, appliquées sur les feuilles et les tiges.

Index

Remerciements

Je suis très reconnaissant à Chloé pour les excellentes photographies extrêmement difficiles à réaliser dans le chapitre Réussir sa plantation : des photos qu'il m'était impossible de prendre moi-même ! Merci.

Je remercie également tous les membres de Pimpernel Press pour leur soutien, en particulier Anna Sanderson et Gail Lynch pour leur confiance, leur patience et leurs encouragements, ainsi que Jo Christian pour avoir accepté mon idée et l'avoir concrétisée. Merci également à Becky Clarke pour avoir donné un sens à une surabondance de photos et les avoir mises en page avec art, ainsi qu'à Penelope Miller pour sa patience et sa bonne humeur.

Un grand merci également aux nombreux amis, en particulier à Mark, qui m'ont aidé à mener à bien ce projet chronophage.

Enfin, merci aux entreprises suivantes qui ont fourni des pots, des plantes et des graines sans lesquels ce livre n'aurait pas vu le jour :

Woodlodge Products Ltd (fournisseurs de pots et d'accessoires de décoration)
Consultez www.woodlodge.co.uk

Bransford Webbs Plant Company (fournisseur en gros de plantes de jardin de qualité)

Mr Fothergill's Seeds Ltd (fournisseur de graines et de jeunes plantes)
Consultez www.mr-fothergills.co.uk

Woolmans Plants (fournisseur de plantes et de bulbes par correspondance)
Consultez www.woolmans.com

Adam Christopher Design (concepteurs et fabricants de jardinières sculpturales)
Consultez www.adamchristopherdesign.co.uk